AF330512

ÉTUDES

sur

L'ESPAGNE, LE PORTUGAL

ET LEURS COLONIES

OUVRAGES DE M. ÉMILE CARDON.

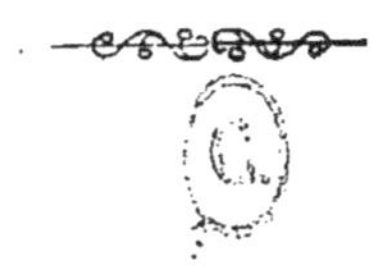

ÉTUDES

SUR

L'ESPAGNE, LE PORTUGAL

ET LEURS COLONIES

(Lettres sur l'Exposition universelle de 1862

PAR

ÉMILE CARDON

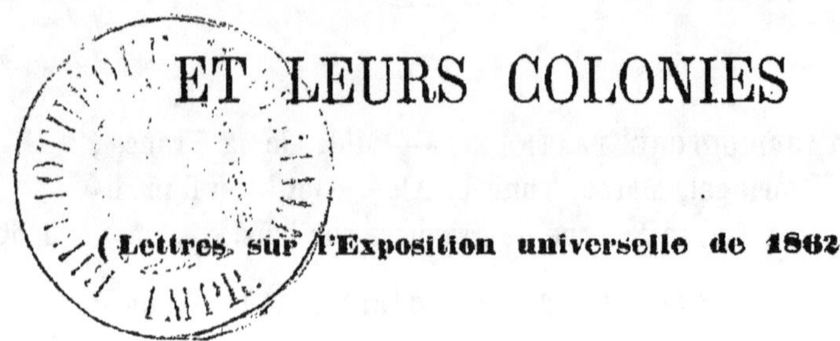

PARIS
REVUE DU MONDE COLONIAL,
3, RUE CHRISTINE.
—
1863

LETTRES SUR L'ESPAGNE ET SES COLONIES

A PROPOS DE L'EXPOSITION UNIVERSELLE DE 1862.

I

Londres, le 28 juin.

Mon cher ami,

Pour la plupart des Anglais ou des étrangers qui visitent Londres en ce moment, l'Exposition universelle n'est qu'un spectacle plus ou moins curieux, plus ou moins attachant; c'est une distraction, un prétexte à flânerie qu'ils demandent; pour moi, j'y suis venu moins par curiosité que pour y rechercher quelques sujets d'études; aussi, quand vous avez bien voulu me demander que je vous fasse part de mes observations, j'ai hésité longtemps, et je n'ai consenti qu'à la condition que vous me laisseriez une liberté pleine et entière, — la licence, — d'aller de droite et de gauche, de commencer par la fin et même au besoin de ne pas finir par le commencement.

J'ai lu quelquefois des comptes rendus d'exposition, et une nomenclature des objets m'a toujours paru si ennuyeuse que je ne me sens pas le courage de l'imposer à vos lecteurs dont, tant de fois, j'ai mis la bienveillance à l'épreuve; plutôt que de leur copier un catalogue, j'aime mieux les engager à en acheter un; cela ne leur coûtera qu'un shelling, et les dispensera de lire le journal.

Dans l'exhibition des produits d'un pays, je cherche autre

chose que ces produits eux-mêmes ; le tombereau de charbon de terre exposé ne me donne aucune idée de la richesse d'une mine, et une pancarte sur laquelle je trouverais la quantité extraite annuellement, le prix de revient au sortir de la mine, le coût aux lieux de consommation, ferait bien mieux mon affaire, surtout si cette pancarte me montrait ces chiffres pour une période de dix ans. L'Exposition ainsi comprise me donnerait une idée des ressources qu'un pays offre aux échanges et des progrès qu'il a accomplis dans toutes les branches de son activité agricole et industrielle.

C'est à ce point de vue-là que je me suis placé pour les études que je fais ici ; vous avez pensé que vos lecteurs s'y intéresseraient, j'en accepte l'augure et je me mets à l'œuvre.

Que ces quelques lignes servent d'introduction à mon travail.

Tout à vous,

II

Londres, dimanche 29 juin.

Il n'y a pas à Londres de meilleur jour pour le travail que le dimanche, justement parce qu'on ne travaille pas !

Tout est fermé aujourd'hui, même l'Exposition ; rien ne peut donc me distraire et ma journée entière vous sera consacrée.

Que vous ai-je écrit hier ?

Quelques mots de préface, je crois ?

Ce que je fais ici, et comment je comprends un compte rendu de l'exposition ?

C'est bien cela, n'est-ce pas ?

J'ai été bien bref ; laissez-moi revenir un peu sur ce sujet ; et, pour être plus clair, permettez-moi de procéder par voie de comparaison.

J'ai traversé l'Exposition algérienne, et j'ai vu rangés dans des bocaux, égaux en nombre, et de capacité identique, d'un côté des cotons superbes, de l'autre des blés de qualité supérieure. Si — malheureusement pour moi, car j'y ai perdu mes dix plus belles années, — je ne connaissais pas aussi bien les ressources de notre colonie, je pourrais croire que l'Algérie produit autant de blé que de coton, ou autant de coton que de blé, comme on voudra. — Il n'en est rien cependant ; le blé, c'est le passé et le présent de l'Algérie ; le coton, c'est — peut-être? — l'avenir. Le curieux, le flâneur, passe très-rapidement devant le blé et reste en extase devant le coton, — le roi coton, — le héros du jour, depuis bientôt deux ans ! L'extase du flâneur me fait hausser les épaules et me met en fureur. Ce n'est pas sa faute cependant ; qu'est-ce qui apprend au visiteur que la production du coton algérien, après avoir atteint, dans ses belles années de faveur, six cents balles environ, reste stationnaire si elle ne tend pas à décroître ; tandis qu'après avoir produit assez de blé pour se nourrir, l'Algérie en exporte chaque année pour une somme qui varie de 5 à 12 millions.

En me bornant dans un compte rendu à une nomenclature de produits, je ressemblerais furieusement aux curieux de l'Exposition algérienne !

Voilà pourquoi ma fille est muette !

Voilà pourquoi dans les lettres que je me propose de vous adresser, je vous parlerai beaucoup plus des ressources et des progrès de l'Espagne et de ses colonies, que de l'Exposition elle-même.

Cependant si cela peut intéresser quelqu'un, à la fin de ma dernière lettre, je résumerai le catalogue, en ajoutant une ligne ou deux de critique ou d'éloge après les plus intéressants produits.

Le moyen le plus prompt d'arriver au but, n'est pas toujours de prendre le chemin le plus court ; ceci a tout l'air d'un paradoxe, et c'est cependant une belle et bonne vérité. En faisant un peu de revue rétrospective, — ce qui vous paraîtra peut-être un hors-d'œuvre, — nous arriverons plus vite et plus promptement.

C'est en raison de leur liberté et de leur bonne administration, que les pays sont le plus riche et le mieux cultivé, et non pas en raison de leur fertilité ; Montesquieu l'a prouvé par maints exemples dans son *Esprit des lois;* mais un des plus frappants, c'est celui que nous donne l'histoire d'Espagne. Suivant la manière dont ce riche et magnifique pays est gouverné, sa prospérité grandit ou décline : un jour il est presque maître du monde, puis il déchoit rapidement, et c'est à peine si, il y a une vingtaine d'années, il comptait parmi les nations européennes. Sous le gouvernement de S. M. Isabelle II, grâce à une bonne administration, l'Espagne reprend, petit à petit, sa place; depuis quelques années surtout, elle nous donne un merveilleux spectacle; c'est plus qu'une régénération qui s'accomplit, c'est une résurrection que nous avons devant les yeux !

Quand même, pour terme de comparaison des progrès accomplis, nous ne prendrions que les Expositions de 1851, 1855 et 1862, nous aurions déjà, mon cher ami, un intéressant tableau et de curieux enseignements; mais il vaut mieux faire une excursion dans le passé, la toile sera plus complète, le panorama se déroulera tout entier à nos yeux étonnés.

Le commerce de l'Espagne, que nous avons connu si peu actif, remonte cependant à la plus haute antiquité, et son origine se rattache à l'histoire des colonies phéniciennes et grecques; des relations actives existaient alors entre les ports de l'Espagne et ceux du littoral méditerranéen. La domination maure avait encore agrandi ces relations en appelant dans la péninsule Ibérique les navires de l'Egypte et de la Syrie, siége de l'empire des Kalifes. Régénérée par les Arabes, l'agriculture alors créait de nombreux produits échangeables contre les marchandises du Levant,

A cette époque, Cordoue était le centre de cette activité commerciale; si j'en crois l'histoire, — et je n'ai, mon cher ami, aucune raison pour mettre en doute ses assertions, au contraire, — on comptait à Cordoue, sous le règne d'Al-manzor, quatre-vingt-dix mille boutiques, et l'Espagne exportait dans les ports de la Méditerranée des soies écrues, des huiles, du sucre, du mercure et du fer; enfin les tissus laine et soie de Séville, de Grenade, de Raza, les draps de Murcie, les armes de Tolède, jouissaient d'une réputation méritée.

La défaite des Maures détruisit la prospérité commerciale et agricole de l'Espagne, en privant cet État de sa population la plus laborieuse et la plus active, population qui émigra en Afrique plutôt que de renoncer à sa foi.

Non moins commerçants et industriels que les Arabes étaient les Juifs, qui ne tardèrent pas à se voir bannis de l'Espagne; enfin des conquêtes, dictées par l'esprit chevaleresque, il est vrai, mais non moins déplorables, puis des persécutions religieuses vinrent encore décimer la population que l'expulsion des Maures et des Juifs avait considérablement affaiblie : « Aussi, dit M. H. Maury, dans les siècles qui suivirent ces événements, la population avait tellement décru dans ce royaume, que les trois quarts des villages de la Catalogne demeuraient sans habitants. On comptait quatre-vingt-quatorze villages déserts dans la Nouvelle-Castille ; trois cent huit dans la Vieille. L'Estramadure offrait l'aspect d'une vaste solitude. »

Ceci, mon cher ami, soit dit en passant, ne vient-il pas à l'appui de la thèse que j'ai si souvent soutenue dans votre Revue, qu'une bonne administration pouvait seule attirer les émigrants dans notre colonie d'Afrique ?

Si, du commerce, nous passons à l'agriculture, le tableau n'est pas moins sombre : comme le commerce et faute de bras, l'agriculture avait disparu ; les terres mal cultivées avaient fait place à des landes immenses qui ne pouvaient même plus nourrir la faible population de l'Espagne.

L'industrie avait décliné avec une égale rapidité ; privée de bras, elle aussi, par l'exil des Maures et des Juifs, ainsi que par le nombre considérable d'hommes qui entraient dans les ordres religieux, elle avait vu encore ses efforts paralysés par les monopoles dont jouissaient les manufactures royales. Des droits onéreux, dit l'historien que j'ai déjà cité, qu'aggravait encore l'avidité des agents du fisc, rendaient naturellement peu lucrative toute espèce d'industrie , et faisaient promptement fermer la plupart des manufactures. Ainsi — les chiffres ont une éloquence irrésistible — tandis que l'on comptait en 1519 seize mille métiers à soierie dans la seule ville de Séville et cent trente mille ouvriers employés à cette fabrication, le nombre en était réduit à quatre cent cinq en 1673. Les manufactures de Ségovie, où trente-quatre mille ouvriers confectionnaient jadis vingt-cinq mille pièces, ne produisaient plus, en 1788, que quatre cents pièces ; enfin, Valence, qui avait rivalisé avec Ségovie dans ce genre d'industrie, avait éprouvé le même sort.

Il ne faudrait pas croire que la découverte du Nouveau-Monde avait amélioré la situation de l'Espagne : au contraire, elle n'avait fait que l'aggraver.

Préoccupée des vastes empires que le génie de Colomb venait de lui donner, l'Espagne ne fit que de faibles efforts pour ranimer son commerce et son industrie ; elle ne songea qu'à grossir, aux dépens de sa propre population , ses colonies nouvelles, dont les riches mines d'or et d'argent excitaient sa convoitise ; toute son activité commerciale se concentrait dans les transports et l'exploitation des métaux précieux.

Tandis que les flottes espagnoles sillonnaient les mers pour apporter à l'Espagne les richesses métalliques du Nouveau-Monde, ce royaume se bornait à alimenter, avec les produits de ses mines d'Amérique, les besoins de sa population européenne ; il demandait aux peuples voisins ce qu'eussent pu produire son sol et l'industrie de ses habitants. Au lieu d'être la métropole de ses colonies, l'Espagne n'en était que l'entrepôt : le commerce espagnol se bornait à livrer aux étrangers les métaux précieux du Nouveau-Monde et à porter à ses possessions d'outre-mer les marchandises qu'elle en recevait en échange. Le pays, son agriculture, ses fabriques ne prenaient aucune part à ces transactions.

Depuis trente ans, malgré les guerres et les révolutions qui ont dévasté quelquefois le sol de l'Espagne, grâce peut-être même à ces révolutions, — il faut abattre pour reconstruire, — les conditions d'existence du commerce et de l'industrie ont été avantageusement modifiées. La destruction des couvents surtout, et par suite le retour à la vie civile et active d'hommes qui, jusqu'alors, passaient leur vie dans l'oisiveté monastique, ont amené un changement dans les habitudes espagnoles et déterminé un plus grand développement du travail.

Il y a déjà quelques années, d'après M. Maury, l'historien auquel j'ai déjà emprunté quelques renseignements, il y a quelques années, dis-je, à Valence, en Catalogne, la transformation était complète : aujourd'hui, l'industrie espagnole absorbe de grands capitaux que la France et l'Angleterre lui ont apportés, sans compter le numéraire que l'Espagne possédait encore. La valeur des biens du clergé, qui ont passé dans les mains des industriels, a contribué à cet état plus prospère. Les couvents se sont transformés en filatures et en manufactures de toutes sortes : près de sept cents couvents ont ainsi changé de destination.

Une population forte, et supérieure à celle des autres centres industriels de l'Europe, a mis à profit le temps de la paix dont jouit actuellement le pays, tandis que cinq cent mille moines, autrefois plongés dans la paresse, et rendus maintenant à la vie active, sont devenus, dans leurs propres couvents, des ouvriers et des contre-maîtres habiles.

Le mouvement agricole n'est pas moins considérable et l'Espagne se relève de l'état d'infériorité où une mauvaise administration et de fausses théories économiques l'avaient plongée ; elle exploite enfin, comme il doit l'être, le sol magnifique dont la nature l'a dotée ; les progrès accomplis sont

immenses, comme vous pourrez le voir dans mes prochaine
lettres.

A vous,

III

L'idée première d'une exposition appartient à notre révolution, cette admirable époque à laquelle nous devons tous
les progrès que nous avons faits depuis soixante-dix ans;
quant aux expositions universelles, c'est en France que cette
idée prit naissance, comme le rappelait, il y a quelques jours,
S. A. I. le prince Napoléon au banquet offert par les exposants de Londres; les bienfaits de ces institutions sont incal-
culables; les expositions nationales généralisent la connaissance des richesses que renferme un pays, facilite l'étude de
ses ressources et constate le développement et les progrès de
son agriculture, de son industrie et de son commerce.

« Les expositions universelles ne favorisent pas seulement
les intérêts matériels, pour nous servir des paroles du prince
Napoléon, elles favorisent encore les intérêts moraux. En
même temps qu'elles étendent les relations commerciales,
elles font appel aux sentiments de patriotisme. Loin de faire
naître la jalousie entre les peuples rivaux, elles excitent une
noble émulation également profitable à chacun d'eux; car,
à mon avis, lorsqu'une nation fait de grands progrès, tous
les pays en profitent, et c'est un progrès pour le monde civi-
lisé. »

Tout favorise, du reste, le progrès à l'époque où nous
vivons, à cette époque si féconde en découvertes et en inven-
tions: devant les chemins de fer et les bateaux à vapeur le temps
et l'espace disparaissent, les télégraphes électriques luttent de
vitesse avec la pensée, et les machines décuplent, centuplent
les forces humaines; les communications internationales se
multiplient, l'émulation exerce partout son influence salu-
taire, d'un pôle à l'autre il y a échange d'idées et de produits,

et les nations les plus riches et les plus avancées enrichissent, éclairent et instruisent les nations restées dans l'ignorance ou la misère. « Les expositions universelles,—et c'est S. A. I. « le prince Napoléon qui s'exprime ainsi dans son remar- « quable rapport sur l'Exposition de 1855, — les expositions « universelles font partie de ce vaste progrès économique « auquel appartiennent les voies ferrées, les télégraphes élec- « triques, la navigation à vapeur, les percements d'isthmes, « tous les grands travaux publics, et qui doit amener un ac- « croissement de bien-être moral, c'est-à-dire plus de liberté, « en même temps qu'une augmentation de bien-être matériel, « c'est-à-dire plus d'aisance au profit du plus grand nombre. »

L'Exposition de 1862 nous permet d'apprécier les progrès faits par l'Espagne depuis l'Exposition universelle de 1851 ; car cette puissance, et largement, a profité des exemples donnés par toutes les autres nations; j'ajouterai que l'émulation développée en elle lui a été non-seulement profitable, mais qu'à leur tour toutes les puissances en ont profité, car les relations commerciales — exportations et importations — se sont étendues.

Pour ne rien négliger dans ce tableau rapide des progrès accomplis depuis quelques années, je commencerai par les finances du pays.

Pendant longtemps le déficit a été l'état normal du budget espagnol, personne ne l'ignore; mais depuis 1854, la situation financière s'est considérablement améliorée; le budget de 1859 constatait un excédant de 24 millions de francs des recettes sur les dépenses.

Le budget voté par les Cortès pour 1860 fixait les dépenses à 1,887,369,829 réaux (1), et les recettes à 1,892,344,000 réaux, ce qui constituait un excédant de 4,974,175 réaux ; quant au budget extraordinaire, il s'élevait à 304 millions en recettes et en dépenses.

____

(1) Le réal vaut 0,27 centimes de France.

Mais, où l'accroissement de la richesse, — par suite d'une meilleure organisation administrative, — apparaît d'une manière évidente, c'est dans les recettes budgétaires qui, pour certaines branches de revenus, ont augmenté de 300 0/0 en quelques années.

Ainsi, je trouve, dans une brochure publiée sur l'Espagne et son avenir par M. E. Bonnaud, que le produit du timbre, qui n'était que de 17 millions de réaux en 1846, dépasse aujourd'hui 70 millions; que le sel produit maintenant 118 millions au trésor au lieu de 38 millions; que le tabac, de 135 millions s'est élevé à 300 millions; que le revenu des douanes, qui était de 120 millions, est de 240 millions; enfin que l'impôt des mines, presque insignifiant il y a quelques années, figurait au budget de 1860 pour 8 millions de réaux.

L'ordre et la régularité qui président aujourd'hui à l'administration financière ont amené ce résultat, et le crédit de l'Espagne est aussi parfaitement établi sur les places de Paris, de Londres, de Francfort, d'Amsterdam et d'Anvers, que sur celle de Madrid.

Les fonds espagnols ont profité de cette amélioration dans les finances du pays; ainsi la dette consolidée intérieure, qui se cotait en 1852, 42 1/2, est aujourd'hui à 49; la consolidée extérieure, qui, en 1848, valait 14, en 1857, 39 1/2, est aujourd'hui à 51 3/8; enfin, la différée qui, en 1852, se négociait à 20 1/4, se traite à 44 1/2.

Tout ce que je pourrais dire ne vaudrait pas ces quelques chiffres, que le premier venu peut vérifier sur les cotes des bourses de Paris ou de Madrid.

Passons au commerce.

Loin d'être aussi florissant qu'il l'était lorsque l'Espagne possédait de riches colonies, le commerce a cependant progressé depuis quelques années, et les relations que l'Espagne entretient avec les autres nations de l'Europe sont dans un état prospère, qui ne peut que s'accroître et s'améliorer encore.

En 1788, l'Espagne envoyait pour 144 millions de marchandises à ses colonies d'Amérique et en recevait pour 110 ; de 17?8 à 1792, elle importa pour environ 180 à 200 millions de marchandises européennes et en exporta pour 80 à 90 millions.

L'activité commerciale à cette époque est, mon cher ami, facile à expliquer : l'Espagne recevait de ses colonies plus qu'elle ne pouvait consommer et était forcée d'écouler le surplus au dehors ; mais, en 1829, cette activité avait presque complétement disparu ; l'importation due aux colonies ne s'élevait plus qu'à 19,400,000 francs, et les étrangers apportaient en Espagne des marchandises pour une valeur de 95 millions.

Cette situation s'est prolongée longtemps ; aussi, en 1843, les douanes en Espagne ne produisaient pas 100 millions de réaux ; elles produisent aujourd'hui plus de 200 millions, et les revenus s'accroissent chaque année par suite du développement de la richesse publique.

J'ai sous les yeux le mouvement du commerce d'importation et d'exportation de 1850 à 1858 ; la progression est intéressante à étudier, et je crois bon de la placer sous vos yeux sous la forme brutale d'un tableau ; cela me dispensera de toute réflexion.

	VALEURS	
Années.	d'importation.	d'exportation.
	Réales vallon.	Réales vallon.
1850.	671,933,640	488,690,949
1851.	693,638,840	501,012,770
1852.	749,254,957	566,594,562
1853.	733,970,910	833,672,679
1854.	813,485,244	993,502,779
1855.	1,020,331,984	1,247,370,998
1856.	1,304,368,076	1,063,617,110
1857.	1,555,375,013	1,168,885,599
1858.	1,504,558,065	971,359,814

Le commerce de l'Espagne avec ses colonies a suivi la même marche progressive.

Il y a vingt ans seulement les productions de Cuba entraient pour 12 millions dans les importations, et la métropole envoyait à celle-ci pour 11 millions de produits.

Les Philippines importaient en Espagne pour 4 millions de marchandises et en recevaient pour 2 millions.

Porto-Rico recevait de la métropole pour 1,200,000 francs de produits et lui en fournissait pour 2 millions.

En 1856, le commerce extérieur de Cuba représentait pour l'ensemble des échanges, au total, 344,352,443 francs 50 centimes, et les importations et les exportations de Porto-Rico s'élevaient en 1857 à 67,113,111 francs.

Le mouvement commercial de l'Espagne avec les pays étrangers s'améliore et se développe comme nous venons de le voir; voici à présent d'après l'importance des échanges, le rang que tiennent les diverses puissances européennes : la France d'abord, qui marche en première ligne et dont les échanges représentent près d'un tiers (31,96 0/0) du commerce total; l'Angleterre vient ensuite (25,95 0/0); puis la Suède, le Portugal, la Sardaigne, etc.

D'après le tarif des douanes espagnoles, les taxes qui rendent le plus se rapportent aux marchandises suivantes, d'après leur ordre d'importance : les sucres, la morue, les tissus de laine, le cacao, les tissus de coton, le coton en laine, les soieries, les tissus de lin; les taxes perçues sur ces marchandises s'élèvent à plus de 33 millions de francs sur un produit total de douanes de plus de 50 millions, soit environ 68,78 0/0.

Lorsque l'Espagne, qui conserve encore le système antiéconomique de la prohibition et de la protection, sera entrée dans la voie des réformes commerciales; quand les principes de liberté commerciale auront fini par triompher, soyez persuadé, mon cher ami, que les progrès seront encore plus considérables; l'intérêt d'un pays baigné par la mer sur une étendue de plus de 700 lieues, et qui compte des ports de premier ordre, un mouvement commercial déjà très-important, est, sans aucun doute, de donner aux transactions le plus de liberté possible.

Du reste, déjà en 1857, l'Espagne a révisé, modifié et amendé sa législation commerciale. Le tarif des douanes, publié le 2 octobre 1857 pour être appliqué dans son ensemble à partir du 1er janvier 1858, a posé les bases d'un remaniement général pour le régime douanier à l'importation et à l'exportation, inspiré par une appréciation plus vraie des véritables intérêts du commerce.

J'ai l'espérance que le gouvernement espagnol suivra l'exemple qui lui a été donné par le gouvernement français, et que le principe de liberté commerciale triomphera dans la Péninsule comme il a triomphé en France, grâce à l'initiative de l'Empereur.

Je crois même, — du moins il en a été question, — qu'on étudie les conditions d'un traité de commerce sur les mêmes bases que celui conclu avec l'Angleterre, la Belgique et la Saxe ; je souhaite qu'il aboutisse, car tout ce qui tend à augmenter le bien-être général,—et la réciprocité des échanges vient en première ligne,— contribuera à accélérer la régénération de l'Espagne et le développement de sa richesse.

Du reste, mon cher ami, je reviendrai sur cette question ; mais avant, dans ma prochaine lettre, je dois résumer les ressources de toutes sortes que présente au commerce et à l'industrie le sol de l'Espagne.

A vous,

IV

Londres, le 30 juin.

Le climat de l'Espagne est le plus beau de l'Europe ; le sol est des plus fertiles et des plus propres à l'agriculture, qui a eu sa part dans le progrès général. Les expositions agricoles qui ont eu lieu depuis quelques années en Espagne, notamment celle de Madrid en 1857, ont été, tant pour les cultivateurs que pour les éleveurs, un encouragement et un stimulant qui a eu les plus heureux résultats. Dans les provinces de Palencia, Valladolid, Barcelone et Valence, surtout, on a pu, mieux que partout ailleurs, apprécier les progrès réalisés.

L'Espagne compte une superficie de 16,356 lieues carrées, soit 506,635 kilomètres carrés, ou en mesure du pays 75,991,683 fanègues, sur lesquelles il y en a 41,217,318 cultivées et réparties de la manière suivante :

Terres de labour.	26,65 0/0
Pâturages et prairies.	14,00 »
Bois	8,96 »
Vignes.	2,81 »
Oliviers	1,75 »
Jardins.	0,06 »
Ensemble	54,23 0/0.

Équivalant à un peu plus de la moitié de son étendue, de terres en rapport.

Déjà, dit M. Jules Lestgarens, dans un travail, publié en Belgique, sur la situation économique et industrielle de l'Espagne en 1860, on commence à employer, pour la culture des terres, les instruments perfectionnés ; on comprend mieux chaque jour l'importance des engrais, et les bœufs remplacent peu à peu les mulets pour les travaux des champs.

La fabrication de l'huile et des vins, qui sont la principale richesse de plusieurs provinces, est l'objet de soins plus attentifs ; les caves de l'Andalousie, comme les moulins de Valence et de Séville, n'ont en général que peu de chose à envier aux établissements analogues de l'étranger.

La sériciculture et les industries qui s'y rattachent se perfectionnent et se propagent visiblement. Les laines qui, depuis

le commencement de ce siècle, avaient subi une dépréciation
de jour en jour plus grande, à cause du peu de soins que
l'on avait pour les troupeaux, leur propreté et leur conservation, reprennent faveur à cause des améliorations déjà
réalisées, et tout fait présager qu'elles recouvreront l'importance qu'elles ont eue jadis.

Les produits agricoles entrent dans les exportations de
l'Espagne pour près des deux tiers du total du commerce
spécial.

Le sol de l'Espagne, très propre à l'agriculture et sur lequel
je reviendrai du reste plus particulièrement, renferme en
abondance des mines de la plus grande richesse ; mais ces
mines ne sont encore qu'imparfaitement exploitées.

A l'époque de la conquête de l'Espagne par les Romains,
l'extraction des métaux précieux se faisait déjà sur une
grande échelle ; lors de la prise de Carthagène par Scipion
l'Africain, le trésor public eut, pour sa part, nous disent les
historiens, 18,300 livres d'argent et un grand nombre de
vases de prix ; ils évaluent à 35 millions de francs l'argent
rapporté de l'Espagne par les consuls.

Mais à la chute de l'empire romain, l'exploitation du mi-
nerai cessa entièrement. La connaissance du gisement des
richesses métalliques se perdit même, prétend M. H. Maury,
et le souvenir ne s'en conserva que dans des traditions qu'em-
bellissait l'imagination populaire.

Dans les deux derniers siècles, des capitalistes essayèrent
de tirer parti des richesses minérales ; mais la mauvaise foi
des entrepreneurs, presque tous aventuriers étrangers, ainsi
que l'état arriéré de l'industrie et l'avidité du fisc, avaient
fait avorter ces tentatives.

Les produits de l'industrie minière qui, pour la plupart,
pouvaient à peine couvrir les frais d'exploitation, à cause du
manque presque total de communications et de routes, sans
protection de la part du gouvernement et surtout mal défen-
due par une législation vicieuse, qui donnait lieu à des con-

testations et à des procès continuels, a, dans une période de vingt ans, de 1839 à 1858, triplé ses produits; ainsi, en 1839, la production n'était que de 130 millions de réaux, en 1858, elle s'élevait à plus de 395 millions de réaux.

Les mines d'argent de la province de Murcie entre autres, ont commencé à donner d'abondants produits.

L'exploitation des mines de fer avait été, à toutes les époques, moins abandonnée que celle des métaux précieux, en raison du besoin pressant qui se faisait sentir de ce métal. Ces mines sont répandues en abondance en Espagne, et anciennement l'industrie métallurgique avait été prospère et s'était developpée largement dans tout le royame, mais plus particulièrement dans la Catalogne. Depuis que la paix a été rétablie en Espagne, cette branche d'industrie est redevenue florissante. Dans le Guipuscoa, d'après M. Maury, on comptait déjà, vers 1848, 141 usines à marteaux; 91 dans la Biscaye; Sorromarto est le siége de l'industrie dans la province.

Dans l'Aragon, on travaille le fer à Oios-Negros; dans la province de Grenade et dans les montagnes de la Sierra-Nevada et des Alpujarras, cette industrie est en progrès; le produit net s'en élève à plus de 2 millions de francs; enfin, la Catalogne se livre également à la confection des machines.

L'Espagne possède également des bassins houillers abondants et d'une exploitation facile. Les gîtes se trouvent principalement dans les Asturies, dans la Navarre, dans la province de Guadalajara, dans la Sierra-Morena et dans les montagnes d'Alcaraz.

Voici, du reste, une petite statistique des mines en exploitation, plus loin je m'étendrai plus amplement sur la production; 2,274 mines argentifères, 34 d'antimoine, 1 d'anthracite, 8 d'asphalte, 6 aurifères, 32 de cinabre, 3 de soufre, 89 de calamine, 496 de houille, 1 de mercure, 2 de cobalt, 219 de cuivre, 19 d'étain, 7 de lignite, 7 de nickel, 10 de pyrite de fer, 2 de pyrite d'arsenic, 267 de plomb, 2 de sel gemme, 40 de sulfate et d'hydrochlorate de soude, 1 de topazes, 45 de tourbe, 19 de zinc ; au total, 3,581 mines exploitées ; en outre, on compte 255 fonderies d'argent.

En même temps, mon cher ami, que l'exploitation des richesses naturelles se développait en Espagne, l'industrie faisait elle-même de rapides progrès ; mais toutes ses branches ne sont pas encore bien développées.

Ainsi la fabrication de la soie qui, à une époque, brillait d'un vif éclat, a repris un rapide essor en Catalogne, et les principaux siéges de travail sont les villes de Barcelone, de Mansera, de Matéro, de Reuss et de Tarragone ; à Tolède, à Séville, à Valence, la soie est également travaillée ; il y a quelques années, on estimait déjà à dix-huit ou vingt mille le nombre des métiers en activité dans le royaume.

L'industrie linière est très-répandue dans la Galice, la Catalogne et quelques parties du royaume de Valence ; mais le total de la fabrication ne suffit pas encore aux besoins du pays ; l'Espagne tire pour plusieurs millions de toiles d'Angleterre, de Belgique et d'Allemagne, et exporte, par contre, pour une valeur assez considérable de dentelles de fil : — le point d'Espagne, — un rêve féminin.

La laine se travaille dans la province de Valence, à Ségovie, à Arevalo, à Seguaza, à Colmenar ; la seule ville d'Alcoy fabrique annuellement vingt-quatre à vingt-cinq mille pièces de drap, représentant une valeur de plus de huit millions.

La fabrication des cuirs, si renommée au dix-huitième siècle, est aujourd'hui encore presque entièrement abandonnée ; l'Espagne reçoit de l'étranger tous les cuirs qu'elle consomme, principalement ceux pour la sellerie, dont les centres de fabrication sont Cordoue, Tolède, Barcelone, Burgos, Grenade, Madrid et les provinces Basques.

C'est par l'Espagne que l'art céramique, — une de mes passions, vous savez, je dirais presque une toquade, — s'est introduit en Europe ; il n'existe plus aujourd'hui, et je le regrette, que quelques fabriques de faïence et deux ou trois de porcelaine ; l'Espagne importe de la poterie étrangère pour un million environ. La ville d'Andujar (province de Jaën) conserve cependant sa célébrité pour ses alcarazas ou vases d'argile poreux, destinés à conserver l'eau toujours fraîche.

Enfin , et pour en finir aujourd'hui , car mon papier touche à sa fin, la papeterie occupe une grande place dans l'industrie espagnole : il y a quelques années, d'après les statistiques, il existait dans la péninsule Hispérique trois cent trente-sept papeteries, dont deux cent vingt en Catalogne et quatre-vingt-quinze dans la province de Valence.

Si vous êtes fumeur de cigarettes, cher ami. je n'ai pas à vous faire l'éloge des produits de cette fabrication ; quant à moi, je l'estime d'une manière toute particulière, et en vous quittant, je vais rouler un *papel de hilo* et le griller avec plaisir en me dirigeant du coté de *Cremorne Gardens*, — un Pré-Catelan de Londres.

Tout à vous.

V

Londres, le 2 juillet.

Mon cher ami,

Dans une des premières lettres que je vous ai adressées, j'ai dit que l'industrie en Espagne avait absorbé de grands capitaux qui lui avaient été fournis par la France et l'Angleterre ; j'ai rappelé aussi qu'une des causes principales de l'état précaire de l'industrie et de l'agriculture, pendant si longtemps, avait été le manque presque total de voies de communication et de routes ; passons en revue aujourd'hui, si vous le voulez bien, les grands établissements financiers de l'Espagne, puis les travaux publics terminés ou en cours d'exécution ; j'ai hâte de tout dire sur la métropole, pour vous entretenir plus longuement de ses colonies.

Quand dans un pays un progrès s'accomplit, tout progresse.

En même temps que la richesse publique, le commerce et l'industrie se développaient en Espagne, le mouvement financier prenait un essor considérable, et de nombreuses sociétés de crédit s'établissaient non-seulement à Madrid, mais dans les principales villes de province.

A Madrid, on trouve d'abord la *Banque nationale,* dont le capital nominal est de 120 millions de réaux ; cet établissement, calqué sur la banque de France, est administré par un gouverneur, deux sous-gouverneurs, douze conseillers, un secrétaire, un inspecteur et un caissier ; comme la banque de France, il est autorisé à émettre des billets ; au 31 juillet 1858, il en avait émis pour 266 millions de réaux dont 208 en circulation.

Madrid possède, en outre, la *Société générale de crédit mobilier espagnol* créée par le crédit mobilier français et constituée en société anonyme en 1856 ; elle a pour objet, comme la Compagnie française, de souscrire ou contracter des emprunts avec le gouvernement, les corporations municipales ou l'étranger, d'acheter ou vendre des actions ou obligations, d'acheter des fonds publics, de créer toutes sortes d'entreprises de chemins de fer, canaux, fabriques, mines, docks, éclairage, défrichements, irrigations, dessèchements et toutes entreprises industrielles ou d'utilité publique ; de se charger de l'émission des actions ou obligations de toutes sociétés commerciales ; de prêter sur effets publics, actions ou obligations, marchandises, denrées, récoltes, immeubles, navires et leurs cargaisons et autres valeurs ; d'ouvrir des crédits en compte courant, et enfin de faire toutes les opérations de banque.

2° La *Société générale de crédit en Espagne,* constituée en société anonyme à la même époque et fondée par la maison de MM. les fils de Guilhou jeune ; elle est autorisée à faire les mêmes opérations que la Société de crédit mobilier.

3° La *Société espagnole mercantile et industrielle de Madrid,* fondée par décret du 18 janvier 1856 ; cette société est administrée par un Conseil et est autorisée à faire les mêmes opérations que les deux sociétés citées plus haut ; mais toutes

ses opérations doivent être faites sur des entreprises indigènes, sur les fonds publics espagnols, sur des actions ou
obligations de sociétés légalement constituées en Espagne,
enfin sur toutes marchandises, valeurs commerciales ou
immeubles situés en Espagne.

Le capital réuni de ces trois sociétés est de 305 millions de
francs, dont 175 millions de réalisés.

En outre de la Banque de Madrid et des sociétés dont je
viens de parler et qui sont établies à Madrid, il existe, mon
cher ami, d'autres banques et d'autres sociétés de crédit dans
les provinces.

Les principales banques sont celles de Barcelone, de Cadix, de Malaga, de Séville, de Valladolid, de Saragosse, de
Santander, de Bilbao et de la Corogne, dont le capital effec-
tif total est de 200 millions et l'émission de billets de 428
millions dont 367 en circulation.

Quant aux établissements de crédit ce sont : à Barcelone, la
Société catalane de crédit, le Crédit mobilier barcelonais et
l'Union commerciale ; à Valence, la Société de crédit Valencienne, la Caisse Barcelonaise d'escompte près la Société
Valencienne de Fomento et la Caisse Catalane industrielle.

Le capital des vingt banques et sociétés de crédit et d'escompte constituées par arrêtés royaux, s'élève à 1 milliard
646 millions de réaux.

On compte encore, en Espagne : 1° quarante-sept sociétés
industrielles représentant un capital nominal de 339 millions
de réaux et ayant pour objet : 12 la fabrication de tissus ;— 5
fonderies ; — 5 établissements miniers ; — 3 fabriques de
papiers ; — 3 blanchisseries et teintureries ; — 3 éclairages
au gaz ; — 2 le crédit foncier ; — 2 la navigation à vapeur ;
— 2 fabriques de cuir ; — 1 de porcelaine ; — 1 de quincaillerie ; — 1 de cardes : — 1 de fer battu, laminoirs, etc. ; —
1 imprimerie ; — 1 fabrique de bougies ; — 1 moulin à vapeur ; — 1 exploitation agricole ; —1 entrepôt ; — 1 service
de transports publics, diligences, etc.

2o Dix-huit compagnies concessionnaires de travaux publics au capital total de 1 milliard 567 millions de réaux, ayant pour objet, 5 la construction de canaux et 13 la construction de chemins de fer ;

3o Dix-sept compagnies d'assurances, au capital nominal de 524 millions de réaux, ayant pour objet : 12 les assurances maritimes et 5 les assurances sur la vie et les risques d'incendie ; les siéges de ces compagnies sont Madrid, Valence, Malaga, Cadix, Barcelone; trois des sociétés d'assurances contre l'incendie avaient, en 1859, assuré des propriétés pour un capital de 1 milliard 425 millions de réaux.

Ce résumé statistique permet, mon cher ami, d'apprécier le mouvement financier en Espagne et l'importance qu'il peut y prendre encore, surtout, si l'on veut bien se souvenir que la première société anonyme fondée dans la Péninsule, fut celle du gaz de Barcelone, — en 1840 seulement.

On juge, a dit M. de Laborde dans un excellent travail sur les voies de communication, on juge de la grandeur, de la puissance et de la richesse d'une nation par la beauté de ses chemins et l'entretien de ses routes. En effet, car c'est tout simplement de la bonté et de l'étendue des routes et voies de communications que dépendent la grandeur, la puissance, et la richesse d'une nation.

Sous ce rapport l'Espagne a laissé longtemps tout à désirer. Ce n'est qu'en 1821, dit M. Jules Lestgarens, qu'on commença sérieusement de mettre en commucication les différents centres de populations de la péninsule, et les besoins du commerce et de l'industrie, non moins que les progrès du siècle, donnèrent à la construction des routes une impulsion chaque jour plus grande.

La somme totale dépensée par l'État pour les constructions depuis 1800 jusqu'en 1854 inclus a été de 860 millions de réaux ; de cette somme 580 millions ont été employés dans les vingt dernières années, dont 350 millions durant la dernière période de huit ans, c'est-à-dire que de 1800 à 1834 les routes ont coûté 280 millions, soit en moyenne 8 millions par an ; de 1834 à 1846, 230 millions, soit près de 20 millions par an, enfin de 1846 à 1854, 350 millions, soit en moyenne par an, près de 44 millions.

Pour beaucoup de personnes, le développement des voies de communication n'est que la conséquence de l'accroissement de la puissance industrielle et commerciale de l'Espagne; pour moi, je pense, au contraire, que les progrès réalisés dans ces derniers temps ne sont que le résultat de l'amélioration des routes et chemins.

Dans l'accomplissement de son œuvre de régénération, le gouvernement espagnol a parfaitement compris que l'ouverture de nombreuses voies de communication pouvait seule aider au développement de la prospérité nationale, et que les chemins de fer étaient appelés surtout à exercer une heureuse influence dans un pays où le transport des produits naturels ou manufacturés présentait souvent des difficultés presque insurmontables.

Les capitaux français ont aidé puissamment le gouvernement espagnol dans cette œuvre féconde de transformation; c'est à eux que l'Espagne devra en majeure partie un système complet et bien entendu de voies ferrées.

La première concession de chemin de fer faite en Espagne a eu lieu en 1843 ; c'était la concession du chemin de Barcelone à Masaro, de 28 kilomètres seulement, et qui ne fut terminé et mis en exploitation qu'en 1848.

L'Espagne possède aujourd'hui 4,000 kilomètres de concessions, dont la moitié est déjà en exploitation. Les travaux sont poussés avec une rare activité et tout fait espérer qu'en 1864, on pourra parcourir le pays du Nord au Sud, de l'Est à l'Ouest, avec la même rapidité qu'en France. En outre de ces chemins en exploitation, ou en voie de construction, plus de 3,000 kilomètres sont l'objet d'études sérieuses.

Le réseau des chemins de fer de l'Espagne, d'après le résumé qu'en a donné M. Villiaumé, dans son excellent travail sur l'Espagne et ses chemins de fer, se forme en cinq artères principales :

1° Une ligne traversant le Guadarrama, Léon et la Vieille-Castille, afin d'atteindre les provinces occidentales de la région septentrionale, la Galice, les Asturies, les cantons basques jusqu'au golfe de Gascogne, sur la frontière de France; c'est ce qu'on nomme les chemins du nord de l'Espagne;

2° Une ligne traversant la chaîne Ibérique, allant dans les provinces orientales de la région septentrionale, l'Aragon et la Catalogne, et aboutissant à Barcelone sur la Méditerranée; sa principale station est à Sarragosse, qui en forme à peu près le milieu. De cette dernière ville, l'artère rejoint ainsi la France par Pampelune et Bayonne, au fond du golfe de Gascogne;

3° Une ligne traversant le plateau inférieur de la région centrale ou Nouvelle-Castille et aboutissant, sur la Méditerranée, à Alicante. L'un de ces rameaux s'étend vers le Nord-Est jusqu'à Valence, et un autre vers le Sud-Est jusqu'à Murcie et Carthagène ;

4° Une ligne traversant la chaîne de la Sierra-Morena, se dirigeant au Sud de l'Andalousie par le Mançanarès, Cordoue et Séville, jusqu'à Cadix sur l'Océan, c'est-à-dire près de la pointe méridionale extrême de l'Espagne ;

5° La dernière ligne relie Madrid et Lisbonne par le centre occidental, c'est-à-dire par Ciudad-Real, Merida et Badajoz.

Toutefois il manque pour compléter le réseau, une sixième ligne qui, partant de Séville, remonterait vers le nord, en traversant l'Estramadure espagnole par Mérida et Badajoz jusqu'à Madrid.

Jusqu'en 1854, l'industrie des chemins de fer n'avait fait que peu de progrès; mais depuis cette époque les entreprises reçurent une impulsion sérieuse qui, depuis lors, loin de se ralentir, est plus grande chaque jour.

Voici, mon cher ami, année par année, depuis 1848, le résumé du nombre de kilomètres mis en exploitation :

Années.	kilom.	mètres.
1848.	29	»
1851.	48	340
1852.	23	240
1853.	112	147
1854.	118	588
1855.	163	935
1856.	47	394
1857.	146	800
1858.	180	266
1859.	268	596
1860.	712	329
	1852	635

Les principales lignes en voie d'exécution à cette dernière
époque, étaient :

Le chemin du Nord de..	633	kilomètres.
Décenas à Alar.	90	»
Guadalajara à Saragosse..	226	»
Alcazar à Cuedad-Real.	112	»
De Saragosse à Alsasua.	182	»
Tudela à Bilbao.	247	»
Mauresa à Saragosse..	301	»
Arenys à Santa-Coloma.	36	»
Granollers à Santa-Coloma. . . .	39	»
Montblancs à Reuss.	29	»
Puerta-Real à Cadix.	28	»
Espiel et Belem à Ventas et Alcolea	65	»
Barcelone à Saria.	8	»

En outre, le gouvernement espagnol avait concédé le chemin de Triano à Bilbao (8 kilom.), et celui d'Albacete à Carthagène (247 kilom.) non compris dans le relevé reproduit
plus haut.

Si, des travaux dont l'achèvement est prochain nous passons, mon cher ami, à ceux projetés, l'activité n'est pas moins grande ; ainsi, en 1860, le Gouvernement a été autorisé, par les Cortès, à concéder un ensemble de 2,312 kilomètres de chemins de fer dans les provinces de Cacerès, Jaen, Grenade, Castellon de la Plana, Léon, la Corogne, Orense, Lugo et Cuenca ; enfin des décrets royaux ont permis l'étude de nouvelles lignes comprenant un total de 1,800 kilomètres environ, dans les provinces de Ségovie, Zamora, Salamanca, Huesca et Almérie.

D'après les progrès réalisés dans toutes les branches de la richesse nationale, on peut prévoir la prospérité qui attend un pays comme l'Espagne, où l'esprit d'entreprise se développe chaque jour davantage ; pour cela, mon cher ami, on n'a pas besoin d'être prophète, il suffit de parcourir, comme je l'ai fait, les documents statistiques concernant la péninsule ; une visite aux produits exposés par l'Espagne me permettra de revenir sur quelques points sur lesquels j'ai passé trop rapidement peut-être ; mais j'avais hâte d'arriver aux possessions coloniales de l'Espagne, dont l'étude rentre plus particulièrement dans le cadre de votre revue ; c'est ce que je commencerai dans ma prochaine lettre.

A vous.

VI

Londres, 6 juillet 1862.

Jusqu'en 1789, le régime colonial des puissances européennes eut pour bases la prohibition et l'exclusion, l'Europe entière était *privilége* et *barrière* : non-seulement chaque Etat protégeait par des priviléges exclusifs et des prohibitions absolues, les progrès de son agriculture et de son industrie contre les tentatives d'envahissement des autres Etats, mais encore les provinces d'un même Etat s'opposaient, les unes aux autres, les mêmes priviléges, les mêmes prohibitions, et mettaient partout les mêmes barrières aux communications industrielles et aux relations commerciales des nationaux entre eux ; dès lors, comme l'a fait remarquer M. le comte A. de Chazelles, dans une excellente étude sur le système colonial, dès lors le régime de prohibition et d'exclusion, qui s'est maintenu jusqu'au temps actuel dans les possessions européennes d'outre-mer, était moins une dérogation au droit commun que l'extension aux colonies de la législation générale des métropoles.

Notre révolution, mon cher ami, détermina une modification à la constitution économique des Colonies ; à la fin de l'Empire, les priviléges et les monopoles n'étaient plus que des exceptions. La lassitude d'une longue lutte avait affaibli les rivalités et rapproché les nations que la guerre avait longtemps séparées ; le mouvement industriel réclamait de l'espace pour s'étendre ; les traités de commerce se préparaient à abaisser les barrières des douanes. Le sort des combats et l'ébranlement des révolutions, — et je vous cite encore M. de Chazelles, qui a fait la meilleure histoire de la politique coloniale que je connaisse, — avaient déplacé la puissance relative des Etats. La force navale, gardienne de l'autorité métropolitaine et de l'obéissance coloniale, avait subi des phases diverses qui influèrent sur la position respective des Colonies et des métropoles.

En 1815, la marine de l'Espagne n'était plus qu'un souvenir, et cet Etat ne pouvait plus soutenir le poids de sa grandeur ; sa puissance, dit M. de Chazelles, avait cessé d'être en rapport avec l'importance de ses possessions coloniales. Son mouvement intérieur ne répondait ni aux besoins, ni à l'étendue de ses relations extérieures. Sa marine déchue n'étayait plus les droits de sa souveraineté. Quelques-unes de ses Colonies avaient conservé ses couleurs, sans être restées soumises à son pouvoir. Les autres, affranchies de sa domination pendant la guerre, s'étaient séparées de sa nationalité depuis la paix. L'Espagne, épuisée par une lutte héroïque, laissait à ses deux grandes Colonies à sucre du golfe du Mexique, Cuba et Portorique, la franchise commerciale que la faiblesse d'un gouvernement livré aux factions n'osait leur retirer. Les vastes territoires qu'elle possédait dans les deux Amériques allaient bientôt lui échapper au nord et au sud de l'isthme de Panama ; le Mexique et le nouveau Mexique, la province centrale de Terre-Ferme, le Pérou, le Chili, le Paraguay préludant à l'indépendance, accueillaient les étrangers sans souci de leur métropole.

Aujourd'hui, des nombreuses possessions de l'Espagne, en Amérique, les plus riches, celles du golfe du Mexique, payent leur liberté par un subside ; les plus vastes, celles du continent, classées dans la hiérarchie politique, forment des Etats souverains et traitent, avec leur ancienne métropole, de puissance à puissance.

Sous le régime de la liberté commerciale qu'elles doivent à la guerre, les possessions espagnoles des Antilles, prospérèrent si bien, que la métropole fit jouir ses autres colonies des mêmes avantages ; libérer une colonie n'est pas l'abandonner, c'est même une thèse que j'ai déjà soutenue dans votre Revue, mon cher ami, et sur laquelle j'espère bien revenir encore dans l'intérêt de nos possessions d'Afrique et d'outre-mer ; une colonie ne perd pas sa nationalité pour être affranchie du régime prohibitif. Cuba, enrichie par la liberté des échanges, est toujours restée partie intégrante et la plus belle des provinces de l'Espagne.

L'exemple de Cuba est un grand enseignement, disait la *Revue universelle* en 1837 ; et que l'on veuille bien remarquer qu'en 1835, plus de 2,000 navires ont visité ses ports, que les importations, tant à la consommation qu'en entrepôt, ont dépassé 104 millions de francs, et les exportations 77 millions. Le produit seul des droits de douane s'est élevé à 28,455,000 francs. L'île a trafiqué avec toutes les nations commerciales, *et la partie importante du commerce national ou de la navigation métropolitaine n'a été que de très peu in-*

férieure à celle des *Etats-Unis*, dont le voisinage favorise tant les communications.

« La navigation nationale — dit M. Ramon de la Sagra, dans son *Histoire physique, politique et naturelle de l'île de Cuba*, — est donc allée en croissant rapidement depuis 1826. Les entrées se sont élevées, jusqu'en 1840, de 192 à 958 navires, et les sorties de 169 à 912. On voit par conséquent que la navigation nationale a été de cinq fois ce qu'elle était auparavant.

« Les importations de marchandises étrangères par navires nationaux ont successivement augmenté, dans les quinze dernières années, de 100,000 piastres fortes, en 1826 et 1827, jusqu'au delà de 5 millions de piastres, en 1839 et 1840.

« Ce ne sont pas seulement les importations de marchandises étrangères par bâtiments nationaux qui ont offert un accroissement constant ; mais encore les marchandises nationales sous leur propre pavillon. De 2 à 3,000 piastres, en 1826 et 1827, elles s'élevèrent, en 1839 et en 1840, à 3,500,000 piastres. »

J'ajouterai avec M. de Chazelles : il y a donc eu profit pour la métropole dans le régime de liberté commerciale accepté par l'Espagne. Une aveugle jalousie persuadait au commerce métropolitain que la concurrence avec l'étranger lui serait ruineuse, le gouvernement passa outre, et les résultats ont justifié la sanction qu'il a donnée au fait accompli.

A vous.

VII

Londres, 8 juillet 1862.

Voici, mon cher ami, ce qui reste aujourd'hui à l'Espagne, de ses nombreuses colonies :

En Amérique, les Antilles espagnoles, c'est-à-dire l'île de Cuba et l'île de Puerto-Rico ; et pour mémoire l'ancienne république de Santo-Domingo, cédée l'année dernière au gouvernement espagnol ;

En Afrique, quelques forteresses de l'empire du Maroc, à l'entrée de la Méditerranée, et formant ce que les Espagnols appellent Los Presidios; puis l'archipel des Canaries;

Enfin en Océanie, les îles Philippines et les îles Mariannes.

Pour quiconque s'occupe des colonies espagnoles, il est impossible de ne pas commencer d'abord par Cuba; c'est la plus importante et la plus riche des possessions coloniales du pays qui fait l'objet de cette étude; ensuite, au point de vue histerique, Cuba a éte une des premières conquêtes du plus célèbre des navigateurs; son histoire se rattache à cette époque fameuse de la découverte d'un monde par Colomb; elle rappelle les plus glorieux souvenirs des grandes gloires de l'Espagne : Christophe Colomb, Diego, Velasquez, B. de Las Casas, Fernand Cortez, Bernal Diez, Jean de la Cosa, Sébastien Ocampo, tour à tour, choisirent Cuba, la reine des Antilles, pour le quartier-général de leurs expéditions.

C'est le 18 octobre 1462, que Colomb découvrit Cuba : « Rien n'est beau comme cette île, écrivait l'illustre navigateur; ses côtes offrent une infinité d'excellents ports et de rivières profondes; la mer qui les entoure doit être toujours tranquille puisque l'herbe des plages croît jusqu'aux bords de l'eau. Une partie de l'île est couverte de collines de moyenne grandeur; dans l'autre partie, dominent des montagnes hautes et abruptes comme celles de la Sicile. De fraîches brises embaument l'air toute la nuit, et l'on jouit dans cet heureux climat de la plus douce température..... »

Colomb, qui avait dit à ses compagnons : « Ma langue ne suffira pas pour raconter, ni ma main pour écrire toutes les merveilles de ce pays... » Colomb écrivait à LL. MM. Ferdinand et à Isabelle :

« Je ne parlerai pas à Vos Altesses des immenses avantages qu'elles en retireront un jour; une pareille contrée doit offrir bien des ressources. Je ne saurais m'arrêter dans tous les ports qui se présentent sur ma route ; mais je veux les voir tous en passant pour pouvoir en faire la relation à mon retour.

« Ces Indiens ignorent notre langue, et je ne comprends pas la leur ; je crois bien entendre quelque chose de ce qu'ils me disent ; mais je m'aperçois bientôt que je n'ai rien compris. Enfin, je tâcherai de m'instruire et j'irai acquérrant petit à petit de nouvelles notions.

« Pour le moment, j'ose assurer qu'il n'existe pas sous le soleil un plus beau climat, une terre plus fertile, plus abondante en rivières aux eaux limpides et saines. Ce ne sont plus ici ces fleuves pestilentiels de la Guinée, et, Dieu soit loué, parmi tous mes équipages, il n'y a pas jusqu'à ce jour un seul homme qui ait éprouvé une douleur de tête. Toute la chrétienté se réjouira de cette conquête, et l'Espagne la première, puisque l'entière possession du pays lui est assurée.»

Christophe Colomb, en l'honneur du prince don Juan d'Espagne, avait nommé Cuba *île Juana* ; le roi Ferdinand la débaptisa et l'appela *Fernandina* ; depuis quelques géographes la désignèrent tantôt sous le nom d'*isla de Santiago*, tantôt sous celui d'*isla del Ave Maria,* mais le nom qui finit par prévaloir et qui lui restât, ce fut son nom indien, sa dénomination primitive de *Cuba*.

Ce fut Diégo Velasquez qu'on chargeât de soumettre Cuba à la domination espagnole ; cette portion de l'histoire de cette île ne rentre pas dans mon sujet, je vous dirai seulement, mon cher ami, que les premiers établissements fondés par Velasquez et ses officiers ne se peuplèrent que fort lentement. « Les colons partis d'Espagne, dit M. Berthelot, auteur d'un résumé historique fort intéressant, ne se fixaient que peu de temps à Cuba ; arrivés dans l'espoir de faire une fortune rapide, cette île déjà conquise et dont les meilleurs terrains venaient d'être répartis, ne pouvait satisfaire leur ambition, et séduits par les succès obtenus dans les contrées continentales du Nouveau-Monde, ils abandonnaient Cuba pour aller augmenter le nombre des aventuriers. »

Parmi les colons qui s'établirent à Cuba, la majeure partie s'adonnèrent à l'exploitation des mines ; quelques-uns cependant se livrèrent à l'élève des bestiaux, à la culture du tabac, à la multiplication des abeilles; la cire et le tabac devinrent d'importants objets d'échange qui cédèrent plus tard le pas à la canne à sucre, au caféier, mais ces produits qui sont aujourd'hui la richesse du commerce colonial, ne firent pas d'abord de grands progrès ; jusqu'au dix-huitième siècle, les exportations de Cuba se bornèrent à la cire, aux cuirs et au tabac.

Cette première période qui comprend la fondation des principales villes et les premières exploitations minières et agricoles, fut suivie de l'organisation du gouvernement, de l'administration et des institutions civiles. Cette seconde période va jusqu'à vers la fin du dix-huitième siècle. « Les progrès de la population, de l'agriculture et du commerce, dit M. Berthelot, ne répondirent pas durant cette longue période à ce qu'on aurait dû attendre d'une contrée ainsi favorisée de la nature. Les produits peu importants de Cuba ne pouvaient offrir assez de ressources au commerce extérieur, *contrarié du reste dans son principe par le système vicieux du monopole*, et cette île ne fut d'abord qu'un point militaire, un poste avancé où s'organisèrent les expéditions destinées à de nouvelles conquêtes. Toute la sollicitude de la métropole se tourna vers ses immenses possessions continentales, et elle oublia une colonie qui devait un jour remplacer toutes les autres. »

L'abandon de Cuba par l'Espagne dura deux siècles; mais une colonie, qui réunissait tous les élément capables de développer d'immenses richesses, ne pouvait manquer d'attirer l'attention et même d'exciter l'envie des autres nations : en 1762, l'Angleterre attaqua Cuba, et pendant deux ans resta en possession de la Havane. Il ne fallut rien moins que cette invasion anglaise pour fixer les regards du gouvernement espagnol sur une colonie délaissée jusqu'alors, et c'est à partir de ce moment que se manifesta un grand mouvement de progrès.

« L'accroissement de la production, la nécessité de la favoriser comme base de la richesse, dictèrent à une administration devenue meilleure et plus prévoyante toutes les mesures que réclamaient les besoins du pays, ajoute M. Berthelot. La liberté du commerce avec tous les ports péninsulaires et la protection accordée aux cultures furent les réformes qui signalèrent cette grande période. »

Avant 1765, l'île de Cuba recevait à peine cinq ou six navires par an; en 1778, il y en avait plus deux cents occupés de son commerce, et la récolte en sucre commençait à surpasser les besoins de l'Espagne.

« Il y avait alors deux ans, dit un ancien ambassadeur de France, à Madrid, M. Bourgoing, dans un tableau de l'Espagne publié en 1803, il y avait alors deux ans que le ministre des Indes avait passé à Galvez, homme despotique et dur, mais qui n'était ni sans lumières ni sans courage. Il avait parcouru une grande partie de l'Amérique espagnole, connaissait le caractère, les vœux, les besoins, les ressources des colons. Il crut que le moment était venu de les faire affranchir de la plus pesante de leurs entraves, d'assurer à presque tous la liberté du commerce. » Par deux décrets des 2 février et 16 octobre 1778, le commerce libre était étendu à toute l'Amérique espagnole, le Mexique excepté.

L'expérience démontra la sagesse des mesures prises par Galvez; dès la première année 170 navires étaient partis des ports espagnols emportant 28,636,629 réaux de marchandises nationales et 46,278,342 r. de marchandises étrangères ayant payé 3,833,424 r. de droits; il était revenu d'Amérique 135 navires, chargé de 74,558,292 r. de marchandises de retour ayant acquittés 2,937,857 r. de droits.

Dix ans après, ce commerce ayant pris un accroissement considérable, l'exportation des marchandises nationales avait plus que quintuplé; celle des marchandises étrangères plus que triplé, et les retours d'Amérique se trouvèrent augmentés de plus de neuf dixièmes.

Ainsi en 1788, il avait expédié pour l'Amérique espagnole pour la valeur de 300,717,529. Il en est venu en Europe pour celle de 804,693, 337. Le fisc y avait gagné des profits considérables, car la totalité des droits d'entrée et de sortie qui avait produit, en 1778, 6,761.291 r. v., avait rapporté, en 1788, 55,456,949 r. v., soit une augmentation de 48,695,657 réaux.

D'autres circonstances vinrent encore favoriser ce mouvement, d'abord la libre introduction des nègres, l'émancipation des planteurs fugitifs de Saint-Domingue qui imprima un grand développement aux plantations de café et à l'industrie sucrière, enfin la hausse de prix des denrées coloniales, pendant les longues guerres de la République et de l'Empire. « Ainsi se prépara, dit M. Ramon de la Sagra, dans son *histoire de l'île de Cuba*, la grande réaction qui devait dévoiler au monde les forces productives du sol cubanéen. Les efforts des intérêts privés, les progrès des lumières, le contre-coup des événements extérieurs, furent les éléments d'excitation qui ouvrirent toutes les sources de la propriété publique et l'élevèrent au plus haut degré de fortune. »

Du jour où Cuba est entré dans la voie du progrès, sa marche a été rapide ; aujourd'hui les riches productions de cette île forment la base de ce commerce extérieur qu'une politique mesquine tâcha en vain, pendant près de trois siècles, d'arrêter dans son développement par d'absurdes restrictions ; l'abondance même de ces produits rompit les digues du monopole et ils durent se répandre sur tous les marchés du monde commerçant ; la liberté du commerce fut proclamée à Cuba et alors tous les élémens de la richesse et de la prospérité suivirent une progression ascendante encore plus rapide.

Il y a quelques années, à l'époque où M. Ramon de la Sagra fit paraître son *histoire physique, politique et naturelle de l'île de Cuba*, cette île possédait un capital agricole de 3,190

millions de francs, qui donnait annuellement 525 millions
de produits. Les importations du commerce maritime s'élevaient, en général, à 25,941,784 piastres fortes, et les exportations à 24,700,190, ce qui supposait un mouvement commercial de 265,870,363 francs. Cet échange mutuel donnait
au trésor plus de 35 millions de francs qui constituaient la
partie principale d'une somme de 56 millions de recette générale, avec lesquels une administration bien entendue faisait face non-seulement aux dépenses locales, mais encore
pouvait mettre de côté 20 millions destinés à venir en aide à
la métropole.

La population de Cuba a suivi une marche ascendante
dont on peut juger en consultant les recensements officiels ;
de 1774 à 1827, la population s'est accrue de 523,867 individus ; en 1841, le recensement général portait cette population à 1,045,624 habitants, en comprenant dans ce total
38,000 âmes de population flottante. En 1850, la population
s'élevait à 1,247,230 âmes, savoir : 605,560 blancs ; 205,570
libres de couleur, et 436,100 esclaves ; en 1858, d'après
M. J. Letsgarens, et il a dû nécessairement commettre une
erreur ou reproduire le document erroné, cette population
ne serait que de 1,100,000 âmes, représentant en moyenne
9 habitants par kilomètre carré. C'est impossible.

L'Espagne ne publie pas annuellement, comme la France,
les États-Unis et la Grande-Bretagne, des tableaux statistiques
faisant connaître les revenus qu'elle tire de son commerce ;
les données manquent donc souvent pour apprécier les progrès accomplis. Je trouve cependant, mon cher ami, dans
l'*Anti Slavery reporter*, quelques chiffres qui peuvent éclai-
rer sur l'état du commerce et des ressources diverses de l'île
de Cuba ; la plupart de ces chiffres sont puisés dans le *Diario
de la Marina* de la Havane, dans la *Balanza general de com-
mercio*, ainsi que dans un ouvrage publié à New-York : *Cuba
en 1851*. Ces documents permettent d'établir une statistique
que, toutefois, on ne saurait regarder comme d'une exacti-
tude rigoureuse.

Voici les résultats des importations et exportations moyennes de Cuba, de 1828 à 1847 :

MOYENNE ANNUELLE.

	Importations.	Exportations.	Revenus.
	Piastres.	Piastres.	Piastres.
De 1828 à 1832	17,000,000	11,850,000	8,785,000
De 1833 à 1837	20,050,000	15,675,000	8,945,000
De 1838 à 1842	24,800,000	24,275,000	11,250,000
De 1843 à 1847	26,300,000	23,850,000	10,750,000

Sur la dernière de ces périodes quinquennales (de 1843 à 1847), la moyenne des exportations a été gravement affectée par les mauvaises récoltes de 1845 et 1846, dues à une longue sécheresse suivie d'un ouragan. Mais la moyenne des années suivantes a été beaucoup plus favorable; pour la seule année 1848, les importations figurent en nombres ronds pour 25,000,000 de piastres, et les exportations pour 26,000,000.

Voici pour cette année 1848, comment se répartissent les exportations entre les différentes nations en relations avec l'île de Cuba.

Exportations pour les Etats-Unis.

	Piastres.	Cent.
Sucre.	5,405,867	04 1/2
Mélasses.	1,403,924	07
Cigares et cigarettes.	824,661	01
Tabac en feuilles.	227,024	03
Café.	108,285	04
Bois d'ébénisterie.	107,711	07
Autres produits de crû.	184,258	05
Marchandises provenant de l'importation	24,094	03 1/2
Ensemble.	8,285,824	35

Pour la Grande-Bretagne et ses Colonies.

	Piastres.	Cent.
Sucre.	4,885,097	01 1/2
Mélasses et miel d'abeilles.	80,509	09 1/2
Cigares et tabac.	242,486	02
Minerai de cuivre.	1,511,608	06
Acajou et autres bois d'ébénisterie. . . .	157,046	06
Autres produits du crû.	141,750	03
Marchandises réexportées..	46,299	04 1/2
Ensemble.	7,064,795	32 1/2

	Piastres.	Cent.
Pour la France.	1,184,201	01
Pour l'Espagne, la majeure partie sous pavillon national.	3,927,007	06 1/2
Pour l'Allemagne..	3,918,806	00 1/2
Pour les ports Hispano-Américains . . .	356,774	00 1/2
Pour le Danemark et ses Colonies. . . .	109,331	00
Pour la Hollande.	364,080	00
Pour le Brésil..	10,371	00
Pour la Belgique.	503,456	07
Pour d'autres pays non dénommés, la Sardaigne exceptée..	351,812	07 1/2
Ensemble.	10,725,838	23

En 1858, le commerce d'importation et d'exportation réunies de Cuba avec l'Espagne s'est élevé à 18,346,423 piastres, dans lesquelles, les exportations de Cuba entrent pour les deux tiers environ de la somme totale, soit 12 millions de piastres, soit une augmentation de plus de 8 millions sur 1848.

Tous ces chiffres, mon cher ami, suffisent pour donner une idée des produits et des ressources de Cuba ; ils permettent en même temps d'apprécier l'état florissant de cette

Colonie. La prophétie de l'abbé Raynal s'est accomplie complétement :

 « *Cuba pourra valoir à elle seule un royaume.* »

Depuis l'apparition de l'*Histoire philosophique* où cette
phrase se trouve, l'Espagne a perdu ses vastes possessions
d'Amérique, et Cuba, qui si longtemps lui coûta 200 millions
par an, lui rapporte autant que ses anciennes vice-royautés ;
Cuba remplace en partie les trésors du Mexique et du Pérou ;
la reine des Antilles, après avoir subi les mêmes vicissitudes
que la mère-patrie, l'a aidée, secourue, dans ses disgrâces et
se glorifie toujours de s'appeler :

La siempre fiel isla de Cuba.

Elle est devenue un des plus grands centres du Monde,
tous les pavillons flottent dans ses ports, et chaque année,
deux mille bâtiments étrangers y abordent venant de tous
les points du globe, apportant les produits des manufactures
de l'Europe, en échange desquels elle écoule ses produits, ou
venant s'approvisionner des matières dépassant ses besoins ;
tout ce mouvement, toute cette activité, toute cette richesse,
tous ces progrès rapides, constants, que je n'ai fait qu'es-
quisser très à la hâte et très succintement, tout cela, mon
cher ami, est l'œuvre de la liberté commerciale et d'une
bonne administration : exemple frappant que devraient bien
suivre les nations qui veulent coloniser : la France en première ligne.

Dans ces dernières années, et surtout depuis les événements
d'Amérique, on s'est beaucoup occupé de la culture du coton
dans l'île de Cuba. Je trouve dans une correspondance datée
de Santiago de Cuba (mai 1862), quelques renseignements
intéressants qui trouvent naturellement leur place ici :

« Des essais de plantations de cotonniers dans le quartier
du Canto donnent les plus belles espérances. A Sainte-Cathe-
rine, plusieurs caballerias (12 arpents environ) de bois ont
été abattues pour semer le coton. Cet exemple a été suivi par
plusieurs propriétaires créoles qui, espère-t-on, auront bon
nombre d'imitateurs. Une maison de cette ville a récolté l'an

dernier, dans un petit espace, d'un cotonnier nain, soixante-dix balles du poids de 125 kil. chaque; cette soie est très fine, mais courte; cette espèce produit abondamment. Les soixante-dix balles ont été vendues pour l'Espagne au prix de 85 c. la livre. Ce coton, comparé à celui qu'apporta à Santiago, le 28 mars dernier, une goëlette confédérée venant de Galveston, chargée de 400 balles de coton de Texas et qui fut vendu pour Barcelone à raison de 1 fr. 50 c. la livre, lui est supérieur.

» Le gouvernement espagnol a aussi engagé les planteurs à reprendre cette culture, et pour les stimuler, il a permis de donner dix emancipados, sans nulle rétribution, seulement la nourriture et le vêtement, à tout cultivateur qui ustifierait de la plantation d'une caballeria. Ces émancipados sont des nègres pris quelques débarquements qui n'eurent pas le temps de les soustraire aux recherches des agents du gouvernement. On estime à environ 600 le nombre qui se trouve à la Havane. Sur le vu et l'attestation, soit d'un ingénieur envoyé *ad hoc*, soit du capitaine du quartier, le cultivateur doit être autorisé à aller à la Havane chercher ces travailleurs ou à prendre les moyens de se les faire expédier sur sa propriété. Cette concession a lieu à la condition expresse que ces emancipados travailleront au coton et non à autre chose.

» On paraît convaincu à Santiago que la culture du coton est préférable à toute autre, attendu qu'elle est infiniment moins dispendieuse, qu'elle nécessite moins de bras et qu'elle rend dès la première année, tandis que pour le café, il faut quatre ans d'attente, et pour le cacao beaucoup plus encore. La chenille seule peut devenir un obstacle, et cela non dès les premières années, mais par la suite. Toutefois les premières récoltes auront indemnisé largement ceux qui s'y livreront, et s'ils sèment en même temps le cacao, ce dernier leur restera. Ces nouveaux essais ne présentent donc aucun risque et ne peuvent au contraire qu'être favorables. »

La culture du coton, mon cher ami, c'est un avenir nouveau qui s'ouvre pour Cuba!

Puerto-Rico, qui, comme Cuba, fait partie des Antilles espagnoles, a subi les mêmes vicissitudes que la reine des Antilles; comme elle aussi et en même temps, elle est entrée dans la même voie de progrès. Sa population, était en 1858, de 500,000 hab. environ, ou 14 habitants par kilometre; en 1848, elle recevait de la métropole pour 1,200,000 fr. de produits et lui en fournissait pour 2 millions; en 1858, elle a reçu d'Espagne, en céréales, huiles, marchandises diverses pour 9,058,528 millions de réaux, soit environ 2 millions 500 mille francs; quant à la somme des produits exportés, elle ne figure pas sous un titre spécial dans les statistiques que j'ai sous les yeux, mais il est probable qu'elle a suivi la même marche progressive que les importations.

Il me reste, mon cher ami, à vous entretenir des possessions espagnoles en Océanie et en Afrique; ce sera le sujet de ma prochaine lettre. Pour aujourd'hui, je vous quitte en vous pressant la main, malgré la Manche qui nous sépare.

A vous.

VIII

Mon cher ami,

Londres, 12 juillet 1862.

En Océanie, l'Espagne possède l'archipel des Philippines, ainsi que les îles Mariannes, qui sont sous la dépendance administrative des Philippines. Ces colonies, d'après M. Bourgoing, forment une possession plus vaste que la France, l'Espagne et l'Italie prises ensemble. Non-seulement toutes les choses nécessaires à la vie y abondent, mais encore ces îles ont des bois de construction, des bois de teinture, des mines de fer et d'acier, des rivières qu'on peut remonter fort avant dans le pays. Le coton, l'indigo, le tabac, le sucre y réussissent. Le règne végétal y est d'une richesse inappréciable. On recueille de l'or dans le sable de quelques-unes de ses rivières. Le nombre des sujets qui y reconnaissent la souveraineté du roi d'Espagne s'élevait (M. Bourgoing écrivait vers 1800) au-dessus de 1 million, sans compter les infidèles qui vivaient dans les bois, et dont le dénombrement était, à cette époque, extrêmement difficile.

Dans un excellent ouvrage publié en 1846, *Les Philippines*, M. Mallat estime la population de cet archipel à 5 millions d'âmes, et à la liste des produits que je viens de donner, il ajoute la houille, mais qui n'a pas encore été exploitée, le soufre qui est très commun ; enfin, toutes les denrées coloniales s'y trouvent en abondance.

D'après le recensement de 1857 et les chiffres donnés par M. J. Letsgarens, la population des Philippines est de 6 millions d'habitants, représentant en moyenne 17 habitants par kilomètre carré ; celle des îles Mariannes de 10,000 habitants' soit 10 habitants par kilomètre carré.

Un général, ayant titre de gouverneur, gouverne l'archipel ; il a sous ses ordres trente-trois corregidors ou gouverneurs ; mais, — et c'est ici le point capital, — les *pueblos* ou communes sont administrées par de petits gouverneurs *nommés par les habitants* ; cette administration municipale, remarquable par son caractère libéral, est établie depuis la conquête.

Découvertes en 1521 par Magellan, elles furent nommées Philippines en l'honneur de l'infant don Philippe II ; après avoir pris possession de Mindanao et fait plusieurs alliances avec les chefs du pays, Magellan fut tué dans un combat contre les Indiens.

Instruits par la cruelle expérience qu'ils avaient faite en Amérique, les Espagnols se conduisirent à l'égard des naturels des Philippines avec une modération remarquable.

Lopez de Legaspi et quelques missionnaires, dirigés par le P. Urdañeta, y arrivèrent en 1563 pour commencer la conquête et la colonisation.

Mais, dit M. Mallat, ce que n'aurait pu faire Legaspi avec les faibles troupes qu'il commandait, le P. Urdañeta l'entreprit avec ses moines, et en 1570, l'île de Luçon était soumise à l'Espagne et au catholicisme; les missionnaires avaient converti les Indiens par la persuasion, sans employer la force.

En 1571, Legaspi bâtit Manille.

La conquête des autres îles de l'archipel s'opéra par le même moyen; les missionnaires obtinrent la soumission des Indiens en les convertissant et en les civilisant.

A l'inverse de ce que firent les jésuites du Paraguay, fait remarquer M. Mallat, les missionnaires *instituèrent la propriété individuelle.* Ils établirent un bon système d'irrigation, changèrent les marais en rizières, importèrent la culture du tabac, du cacao, du maïs, du blé, et firent connaître aux Indiens l'usage du café, de la canne à sucre et de l'indigo que produisaient leurs îles.

Les Indiens obtinrent une administration municipale assez libérale; ils furent assujettis, mais avec modération, à quelques corvées, et obligés de payer un tribut en argent ou en objets d'industrie et en productions du sol. La nécessité de se procurer les moyens de payer ce tribut les arracha à l'oisiveté et les obligea à travailler.

Cependant, pendant fort longtemps, persuadés qu'il était impossible d'établir un commerce direct et suivi avec une colonie aussi éloignée, les rois d'Espagne se bornèrent à la mettre en relation, par le port d'Acapulco, avec la côte occidentale du Mexique. « Tout le monde, écrivait M. Bourgoing, connaît cette fameuse *Nao*, qui fait tous les ans le trajet de Manille à Acapulco, à travers la mer du Sud. Ce n'était guère que par cette voie détournée que l'Espagne communiquait avec les Philippines; communication sans profit pour ses sujets d'Europe, et dont l'avantage principal était pour les Chinois, les Arméniens et autres peuples qui fréquentent les mers orientales. Le fisc même n'en retirait rien; les frais d'administration absorbaient, et au delà, le produit modique des douanes. »

Le siége de Manille par les Anglais, qui gardèrent la ville pendant quinze mois et l'évacuèrent après la paix de 1763, ouvrit les yeux sur ces possessions; Charles III fit fortifier le port de Cavite, au fond duquel se trouve Manille, capitale de l'île de Luçon et siége du gouvernement. En même temps, le ministre des Indes s'occupa d'exciter l'industrie des habitants des Philippines qui, malgré une nonchalance que l'appât seul du gain peut réveiller, ont la plus grande aptitude aux manufactures, à la culture, à la navigation et même à la construction des vaisseaux. Déjà des fabriques de coton avaient été établies à Manille et y avaient réussi.

Déjà, à cette époque, il avait été question de vivifier cette colonie par le moyen d'une compagnie qui aurait fait directement le commerce avec les Philippines, mais aucune proposition n'avait pu aboutir.

Cependant, en 1783, sous le ministre Galvez, dont j'ai déjà parlé à propos de Cuba, une compagnie fut formée sous les meilleurs auspices, approuvée par le ministre, et ensuite par le roi, qui prit avec sa famille une part d'intérêt dans les fonds de l'association.

La compagnie pour le commerce des Philippines fut fondée au capital de 8 millions de piastres fortes, partagé en 32,000 actions de 250 piastres chacune. Le plan soumis par M. Cabarrus, — un Français, — et approuvé, exposait les avantages que l'Espagne aurait sur les autres nations européennes, en portant directement, des Indes espagnoles à Manille, les piastres qu'elles ne pouvaient y faire parvenir que par un circuit immense. On cherchait à y prouver que l'Espagne, puisant à leur source les marchandises de l'Inde dont l'Europe est si avide, les aurait à meilleur marché, et pourrait en approvisionner ses colonies, ses sujets d'Europe, et ouvrir à ses marchandises un débouché chez les autres nations.

L'affaire ne fut pas malheureuse, commercialement et financièrement parlant, si j'en crois M. Bourgoing, auquel j'emprunte ces détails. A la fin de 1795, la compagnie comptait un gain de 22 millions de réaux.

Mais le résultat le plus important, c'est qu'elle établit des relations directes et fréquentes entre la métropole et sa colonie, dont toutes les deux profitèrent largement.

Vers 1846, le total des échanges entre l'Espagne et les Philippines était de 6 millions environ ; les documents publiés par M. J. Letsgarens établissent que les importations et exportations réunies pour l'année 1858 s'élevaient à 30,329,838 r. v. (8 millions de francs environ).

Dans ces dernières années, l'industrie sucrière a pris une grande importance ; le tabac et les cigares constituent aussi un des principaux objets d'exportation, qui trouvent leur écoulement non-seulement sur les marchés espagnols, mais encore sur ceux de France et d'Angleterre, et cette belle colonie a pris un rapide et brillant développement ; les avantages que l'Espagne retire de cette possession ne lui coûtent aucun sacrifice : l'armée des Philippines est de 20,000 hommes, tous Indiens ; la marine se compose de 68 bâtiments, dont 36 à la mer ; ses revenus sont considérables : il y a dix ans, ils s'élevaient à 2,625,476 piastres, et depuis cette époque, ils ont considérablement augmenté.

Tout cela est l'œuvre d'une administration intelligente, qui a su, dès le début, doter le pays d'institutions libérales, constituer la propriété individuelle, s'attacher et soumettre les indigènes. Après avoir fait un tableau très exact de la situation heureuse des Philippines, M. Mallat disait en 1846 : « Ce que la religion a fait, elle seule peut le maintenir ; et il n'est que trop certain que les Philippines seraient perdues pour l'Espagne et pour la religion catholique si jamais on leur enlevait les religieux qui les gardent si miraculeusement sans le secours d'un soldat. »

Les jésuites et les missionnaires ont fait assez de mal au Paraguay et dans d'autres colonies espagnoles pour que je ne signale pas le bien que, par hasard, ils ont fait aux Philippines.

A vous.   E. C.

IX

Londres, 15 juillet.

Dans l'Atlantique, sur les côtes occidentales d'Afrique, l'Espagne, mon cher ami, possède les Canaries, c'est-à-dire ces îles célébrées par les poëtes sous le nom d'*îles Fortunées*, et supposées par les Anciens, être les Champs-Élysées. Ptolémée et Pline l'Ancien les ont décrites ; Juba les fit explorer et rédigea une relation de l'expédition qu'il adressa à l'empereur Auguste ; Plutarque vante la douceur de leur climat et leur fertilité ; les Arabes les connaissaient sous le nom d'El-Bard, — d'après Dapper, — à cause du Pic de Ténériffe, ou, selon d'autres, sous le nom d'Al-Kaledat, c'est-à-dire le *lieu du bonheur* ou îles Fortunées.

Vers le treizième siècle ces îles n'étaient plus fréquentée, et toute notion s'en était perdue en Europe, lorsque des aventuriers, s'étant hasardés dans les hauts parages de l'Océan, parlèrent avec enthousiasme et exagération des richesses et de l'étendue des îles de l'océan Atlantique. Bory de Saint-Vincent, dans son *Essai sur les îles Fortunées*, raconte que don Louis de Cerda, Infant d'Espagne, eut le désir de les conquérir, d'après les rapports que les aventuriers lui avaient faits de ces pays.

« Ce seigneur, d'une race détrônée, dit-il, était arrière petit-fils de saint Louis par Blanche de France, épouse de Fer-

dinand de la Cerda, lequel mourut avant son père, Alphonse
le Sage, roi de Castille, et dont le fils, Alphonse le Déshérité,
ayant été obligé de quitter le titre de roi, qu'il prenait encore
en 1303, fut accueilli par Philippe-le-Bel...

Don Louis, qui fut tué en 1346, à la bataille de Croy contre
les Anglais, brillait en 1341 à la cour de France avec le titre
de grand amiral, lorsque le pape Clément VI régnait à Avignon. Le Saint Père, voulant faire régner l'Église jusqu'aux
extrémités de l'univers, érigea les îles Fortunées en royaume
feudataire du Saint-Siége, et moyennant que le nouveau monarque s'engageât à lui payer annuellement un tribut de
400 florins d'or *bons et purs*, *du poids et au coin de Florence*,
don Louis de Cerda fut nommé, en 1344, prince de la Fortune.....

» L'investiture solennelle eut lieu dans Avignon, où le
le nouveau potentat reçut en cérémonie, dans la cathédrale,
un sceptre et une couronne d'or. »

Don Louis fit des préparatifs pour découvrir et conquérir
le royaume qu'il devait à la toute-puissance du Saint Père,
mais il ne le vit jamais, et ce furent Jean de Bethencourt et
Gadifer de la Salle, deux aventuriers français, qui y pénétrè-
rent les premiers en 1404; les aumôniers de cette expédition,
Bontier et le Verrier nous ont laissé un récit de cette cam-
pagne, qui se borna, après de longs et pénibles travaux, à la
conquête de Lancerote et de Fortaventure et à l'établissement
d'un évêque aux Canaries.

Bethencourt ne put rien tenter contre Canarie ni Ténériffe.
Ce fut en 1483, après soixante-dix-neuf ans d'efforts que la
première tomba au pouvoir des Espagnols commandés par
don Pédro de Véra; la seconde ne se rendit qu'en 1497; don
Alonzo Fernandez de Lugo s'en empara pour la cour de Castille quatre-vingt-quinze ans après la première expédition
de Bethencourt.

Les Canaries sont au nombre de sept : Lancerote, Fortaventure, la Grande Canarie, Ténériffe, Gomère, Saline et Fer.

Alagranza, Clara, Graciosa et Lobos ne sont que des rochers comme détachés de Lancerote et Fortaventure, et ne méritent pas plus que les rochers de Nago, au nord de Ténériffe, d'être mentionnés dans l'histoire de l'Archipel des Canaries.

Depuis la conquête, les Canaries n'ont cessé d'appartenir à l'Espagne, à laquelle elles sont annexées avec le titre de royaume dépendant de celui de Séville.

En 1678, la population totale était de 105,937 habitants; dans les premières années de ce siècle, alors que Bory de Saint-Vincent les visita, elles comptaient 157,758 âmes, « mais, dit-il, ce nombre commençait à diminuer; la misère, résultat d'une mauvaise administration, des maladies et des émigrations menaçaient la prospérité de ces îles. Près de 2,200 ecclésiastiques n'y étaient pas les moindres causes de dépopulation. »

Aujourd'hui, mon cher ami, les Canaries possèdent 220,000 habitants et, comme toutes les possessions espagnoles, elles sont en pleine voie de prospérité. Depuis le 10 octobre 1852, les douanes ont été supprimées et *une entière liberté commerciale* leur a été accordée.

Les Canaries sont des plus fertiles; le sol y produit tout ce que le cultivateur en veut obtenir et les végétaux de l'Europe y prospèrent avec ceux de la zône toride; le coton, la canne à sucre y sont cultivés avec l'orge et le blé.

Le coton, les vins fins et secs dits de *Malvoisie*, l'huile, la soie, la soude naturelle, la cochenille sont les objets les plus importants de commerce.

La culture du nopal et l'éducation de la cochenille ont été une véritable providence pour un grand nombre de districts agricoles où l'aisance, le bien-être et une prospérité toujours croissante sont venus remplacer la misère et tous les maux qu'elle entraîne. J'ai, mon cher ami, sous les yeux, au moment où j'écris, le tableau progressif de l'exportation de la cochenille, depuis l'époque des premiers résultats jusqu'en 1850; je le résume ici :

1831	4	kilogr.	1841	50,283	kilogr.
1832	60	—	1842	37,294 1/2	—
1833 .	639 1/2	—	1843	39,497	—
1834	941	—	1844	69,975	—
1835	2,829	—	1845	110,675	—
1836	5,004	—	1846	116,169	—
1837	3,510	—	1847	116,247 1/2	—
1838	12,274	—	1848	186,692 1/2	—
1839	14,321	—	1849	193,259	—
1840	38,520 1/2	—	1850	253,375	—

Cette précieuse industrie a donné une grande activité au commerce et à la navigation des Canaries, et les capitaux que ce riche produit a versés chaque année dans le pays, convertis en d'autres éléments de progrès, sont venus grossir les sources de la fortune publique.

L'Espagne possède encore en Afrique, sur les côtes barbaresques, quelques forteresses lui servant de lieux de déportation pour les criminels et qu'on désigne sous le nom de *Los Presidios*. Ce sont : Ceuta, Penon de Velez, Al-Hucemas et Melilla; leur importance commerciale est nulle jusqu'à ce jour; aussi me bornerai-je à quelques lignes pour chacun de ces points.

CEUTA, la *Septa* des anciens, le plus important des Présides, est située sur la côte septentrionale d'Afrique, vis-à-vis de Gibraltar; près de Ceuta s'élève une montagne qu'on désigne du même nom, c'est l'*Abyla* d'autrefois qui, avec Calpé, en Espagne, formaient les colonnes d'Hercule.

Ceuta a été prise sur les Maures en 1415 par les Portugais; en 1580, les Espagnols s'en emparèrent ainsi que de toutes les possessions portugaises; elle leur resta définitivement en 1640.

Ceuta possède 9,000 habitants.

PENON DE VELEZ, sur la côte est du Maroc, à 110 kilomètres

de Melilla, est situé sur un haut rocher qui forme presqu'île ; son port est bon, et cette ville, fondée en 1509 par Pierre de Navarre, fut prise par les Maures en 1522, requise par les Espagnols en 1664, qui la conservent depuis cette époque;

ALHUCEMAS, sur un îlot à 80 kilomètres sud-ouest du cap Très Forcas, sert aussi de lieu de déportation ;

MELILLA (*Rusades* des anciens) a été prise par les Espagnols en 1496. Elle a un petit port et possède 2,500 habitants,

Ces possessions espagnoles, enclavées dans le royaume du Maroc, détermineront un jour l'Espagne à une occupation plus complète; les agressions continuelles des Maures, le pillage, les razzias des Riffains forceront le gouvernement espagnol à faire contre le Maroc ce que nous avons été obligé de faire en 1830 contre la régence d'Alger ; la guerre du Maroc de 1859-1860 ne laisse point de doute sur le résultat que les armes espagnoles obtiendront dans une expédition comme celle-là ; il faut peu de choses en Espagne pour réveiller les sentiments chevaleresques et belliqueux de cette nation; un mot suffit pour déterminer un élan patriotique universel; et, mon cher ami, si l'histoire n'était pas là pour en donner mille preuves, il suffirait de reproduire ces mémorables paroles de la reine Isabelle, lors de la guerre du Maroc :

« Il faut estimer et vendre tous mes joyaux, s'il en est be-
« soin, pour le succès de cette sainte entreprise. Il faut dis-
« poser sans réserve de mon patrimoine particulier pour le
« bien et la gloire de mes enfants. Je diminuerai mon luxe.
« Une humble parure brillera plus à mon cou qu'un collier
« de diamants, si ceux-ci peuvent servir à défendre et à éle-
« ver la renommée de notre Espagne. »

La civilisation, le progrès, le monde n'ont qu'à gagner à cette occupation que j'entrevois dans l'avenir et que j'appelle de tous mes vœux.

Ici, mon cher ami, se termine ce que je voulais vous dire sur l'Espagne et ses colonies ; dans ma prochaine lettre, si vous le voulez bien, je reviendrai au palais de Kensington, et je passerai en revue rapidement les produits exposés par cette puissance.

A vous,   E. C.

X

Londres. 26 juillet.

Tout le monde est d'accord sur le but des expositions et les services qu'elles sont appelées à rendre ; il en est un cependant sur lequel on n'a pas assez insisté : c'est de mettre en relief les ressources des contrées souvent voisines des pays qu'on habite, et malheureusement encore imparfaitement connues ; aussi en France, malgré le *il n'y a plus de Pyrénées* de Louis XIV, nous ignorons les ressources de l'Espagne, les champs nouveaux qu'elle offre au commerce et à l'industrie, l'avenir prospère qui lui est réservé. Les lettres que vous avez accueillies et à qui vous avez bien voulu, mon cher ami, donner la publicité de votre *Revue*, auront-elles le résultat que j'espère, c'est-à-dire de montrer que l'Espagne marche à grands pas, non-seulement dans une voie de régénération industrielle et financière, mais encore vers une prospérité commerciale dont il est impossible de calculer les limites ? — Je l'ai tenté, sans être assuré d'atteindre le but que je me suis proposé.

En 1851, à l'Exposition universelle de Londres, l'Espagne figurait seulement pour 286 exposants.

En 1855, à l'Exposition universelle de Paris, elle avait envoyé 568 exposants.

Enfin, en 1862, au Palais de Kensington, le nombre des exposants s'élève à 1133.

Au premier aspect, on s'aperçoit tout d'abord que l'Espagne a accueilli favorablement la recommandation qu'adressait la Commission impériale française aux exposants, c'est-à-dire d'exposer collectivement ; cette voie, suivie en Espagne, a pour résultat de réaliser le progrès sans imposer à l'individu des dépenses souvent onéreuses ; ce résultat mérite d'être signalé, et il faut en féliciter sincèrement M. Balleras, commissaire royal de l'exposition espagnole ; je suis aussi heureux de reconnaître qu'il a su donner un bel aspect et montrer sous un jour favorable la place fort peu — trop peu — importante départie aux exposants de son pays.

Cette place, mon cher ami, était si précairement distribuée, que beaucoup de produits expédiés pour figurer au Palais de Kensington n'ont pu y trouver place et ont dû rester en magasins.

Je regrette toutefois que, dans le classement des produits, l'on n'ait pas suivi, pour l'exposition espagnole, le système adopté par la France et l'Angleterre, c'est-à-dire la séparation des produits de la métropole de ceux des colonies. A qui la faute ? Aux colons, peut-être ! et je ne suis pas éloigné de le croire, car, sur le catalogue, je ne trouve parmi les 1133 exposants que 11 noms appartenant aux possessions coloniales espagnoles.

Les voici :

1ʳᵉ classe. — Produits des mines et carrières.

M. ALFONSO (*San-Miguel de Teneriffe*). — Pierre bleue pour carrelage.

3ᵉ classe. — Substances alimentaires, etc.

M. DAVIDSON et Cᶜ. (*Santa-Cruz de Teneriffe*). — Vin de Ténériffe.

M. SAN-ANDRES, M. VINDO DE (*Puerto de Cruz-Canaries*). — Arow-root.

4ᵉ classe. — Substances animales et végétales en usage dans les manufactures.

M. BEYNON STOKEN E HIJOS (*Londres*). — Cigares de la Havane.

M. CIFRA (*Santa-Cruz de Teneriffe*). — Aloës.

MM. COWEN et Cᵉ (*Londres*). — Cigares de la Havane.

M. FIERRO (*Santa-Cruz de la Palma-Canaries*). — Cochenille. — Bois.

M. Perez Zamora (*Puerto de la Orotava-Canaries*). — Cigares de la Havane.

M. San-Andres, M. Conde de (*Puerto de la Cruz-Canaries*). — Cochenille.

18ᵉ classe. — Coton.

M. Cifra (*Santa-Cruz de Teneriffe-Canaries*). — Cotons.

20ᵉ classe. — Soies et velours.

M. Fierro (*Santa-Cruz de la Palma-Canaries*). — Tissus, soie crue et cuite.

Si, mon cher ami, je m'étais borné à un simple compte-rendu des produits coloniaux exposés par l'Espagne, voyez combien ma tâche eût été facile et quelques lignes m'auraient suffi !

Je reviens à l'ensemble de l'Exposition. Comme je vous l'ai dit plus haut, les expositions collectives abondent, et presque partout les Ayuntamientos, les Juntes, les paroisses, les associations se sont subtituées aux individus, et deux classes de produits absorbent le principal espace réservé à l'exposition espagnole, les produits minéraux et les produits agricoles.

Dans la 1ʳᵉ classe. — Produits des mines et carrières, figurent 156 exposants.

Dans la 3ᵉ classe. — Substances alimentaires, nous trouvons 595 exposants.

C'est-à-dire pour ces deux classes, 66 % du nombre total des exposants.

Les autres exposants se répartissent ainsi :

2ᵉ classe.— Produits chimiques et pharmaceutiques, 20 exposants.

4ᵉ classe. — Substances animales et végétales en usage dans les manufactures, 77 exposants.

5ᵉ classe.— Chemins de fer, locomotives, etc., 3 exposants.

7ᵉ classe. — Machines et outils en usage dans les manufactures, 1 exposant.

8ᵉ classe. — Machines diverses, 6 exposants.

9ᵉ classe. — Machines agricoles et horticoles, 2 exposants.

10ᵉ classe.—Machines pour les constructions, 2 exposants.

11ᵉ classe. — Engins de guerre, armes et équipements militaires, 8 exposants.

12ᵉ classe. — Architecture et construction navales, 1 exposant.

15ᵉ classe. — Horlogerie. — 1 exposant.

16ᵉ classe. — Instruments de musique, 2 exposants.

17ᵉ classe. — Instruments de chirurgie, 7 exposants.

18ᵉ classe. — Cotons, 12 exposants.

19ᵉ classe. — Lin et chanvre, 41 exposants.

20ᵉ classe. — Soie et velours, 32 exposants.

21ᵉ classe. — Draps, laine filée, etc., 40 exposants.

24ᵉ classe. — Tapisserie, galons et broderies, 8 exposants.

25ᵉ classe. — Cuirs, fourrures, plumes et cheveux, 1 exposant.

26ᵉ classe. — Sellerie et harnais, 13 exposants.

27ᵉ classe. — Articles d'habillement, 28 exposants.

28ᵉ classe. — Librairie et reliure, 14 exposants.

30ᵉ classe. — Papiers de tenture et objets de décoration, 11 exposants.

31ᵉ classe. — Fer et quincaillerie, 7 exposants.

32ᵉ classe. — Acier, coutellerie et instruments tranchants, 4 exposants.

33ᵉ classe. — Ouvrages en métaux précieux, imitation et joaillerie, 2 exposants.

34ᵉ classe. — Glaces et verrerie, 16 exposants.

35ᵉ classe. — Céramique, 22 exposants.

Si les produits naturels occupent une place importante à l'exposition espagnole, si l'Espagne possède des richesses spéciales à son sol, on se tromperait grandement, mon cher ami, si l'on croyait que la Péninsule ibérique n'est apte qu'à produire du plomb, du cuivre, du mercure, de la soude ou des substances alimentaires, l'industrie fait des progrès notables, et la majeure partie des tissus en usage en Espagne est préparée, tissée, ouvrée sur place; les draps, les soieries, les dentelles, les velours exposés font le plus grand honneur à ses ouvriers et supportent la comparaison avec les produits français.

Un produit a particulièrement fixé l'attention des manufacturiers anglais, c'est le coton ; celui qui était exposé par M. Cifra (de Santa-Cruz de Téneriffe), surtout a été, d'après l'avis de tous, jugé supérieur à celui des Etats-Unis. Quelques échantillons provenant de la province d'Alicante et exposés par M. le comte de Luna, bien qu'inférieur comme qualité à celui des Canaries, a toutefois fixé l'attention en ce que, récolté en Europe, il permettrait une grande facilité dans les approvisionnements si l'Espagne s'adonnait à la culture.

Je n'ai pas à faire l'éloge de la cochenille des Canaries, encore moins celui des vins de Téneriffe, le *Malvoisie* si renommé. J'aime mieux citer dans les produits de la classe 28 deux magnifiques publications : *Les monuments architectoniques de l'Espagne* et l'*Iconographie de l'Espagne*, l'imprimerie parisienne ne ferait pas mieux.

Du reste, dans toutes les industries, l'Espagne pendant ces dernières années a réalisé des progrès incontestables, mais surtout dans l'industrie agricole ; l'exemple est venu de haut, d'ailleurs, et les agriculteurs ont été encouragés par le royal exemple que leur a donné et leur donne leur gracieuse Souveraine ; ainsi, dans la 4ᵉ classe, nous voyons figurer S. M. la reine Isabelle, et parmi les médailles, une lui a été décernée pour des lièges de remarquable qualité (To H. M. THE QUEEN OF SPAIN, *for cork of remarkable quality*, dit le rapport du jury international.)

Les récompenses accordées aux produits espagnols s'élèvent à 268, savoir 120 médailles et 148 mentions honorables ; elles se répartissent ainsi dans les différentes classes :

Classe I.—*Mines et carrières. Métallurgie.* — 7 médailles, dont une au corps national des ingénieurs des mines, pour les *collections explicatives des richesses minérales de leurs divers districts* ; plus 6 mentions honorables.

Classe II.—Section A.—*Produits chimiques.*— 6 médailles et une mention honorable, pour la beauté et la bonne qua-lité des produits.

Section B.— *Produits pharmaceutiques et médicamenteux.* —2 mentions honorables, dont une à M. Jobée pour une col-lection de plantes médicinales de Manille.

Classe III.—Sections A et B.—*Produits agricoles.*—48 mé-dailles et 65 mentions honorables.

Section C. — *Vins, esprits, bière, tabacs.* — 21 médailles, parmi lesquelles une à la manufacture royale de Manille pour la bonne qualité de ses tabacs, et 32 mentions honorables.

Classe IV.—Sections A et B.—*Huiles, graisses, cires* et au-tres produits animaux employés dans les manufactures.—11 médailles et 10 mentions honorables.

Section C.— *Substances végétales* employées dans les ma-nufactures.— 2 médailles, dont une, comme je l'ai déjà dit, à S. M. la reine Isabelle II, pour la remarquable qualité de ses liéges ; et 5 mentions honorables.

Section D.—*Parfumerie.*—1 médaille.

Classe XI.— Sections A et B. — *Habillement et équipement militaires, tentes et objets de campement.* —Une médaille au département de la guerre pour une intéressante collection d'uniformes nationaux et par la beauté des cartes militaires de la guerre du Maroc.

Section C.—*Armes, artillerie,* etc.—Une médaille à la ma-nufacture royale de Tolède pour l'excellence du travail de ses lames d'épées.

Classe XVI. —*Instruments de musique.*—Une mention ho-norable.

Classe XVIII.—*Coton.*—Une mention honorable.

Classe XIX.—*Lin et chanvre.*—Une médaille.

Classe XX.—*Soie et velours.*— 3 médailles pour variété et supériorité de fabrication de tissus de soie pure ou tissée avec or et argent ; et 11 mentions honorables.

Classe XXI. — *Draps, laine filée, tissus*, etc.— 5 médailles et 5 mentions honorables.

Classe XXIII. — *Tapis et tissus d'ameublement.* — 2 médailles.

Classe XXIV. — *Tapisserie, galons, broderie.* — Une médaille.

Classe XXVI.— Section B.—*Sellerie, harnais*, etc. — Une médaille.

Classe XXVII.—Section A.— *Chapellerie, articles d'habillement.*— 2 médailles et une mention honorable.

Section B.—*Modes et coiffures.*—Une médaille et une mention.

Section C. — *Bonneterie, gants*, etc. — 2 médailles et 2 mentions.

Section D.— *Chaussures.*—Une médaille et une mention.

Classe XXVIII. — Section A. — *Papiers livres, reliures.* — 4 mentions.

Classe XXIX.—Sections A et B.—*Ameublements, objets d'ornements*, etc.—Une médaille à M. Zuloaga pour l'excellence de son dessin et la perfection de la main-d'œuvre (pupitres, miroirs, albums, vases, etc., avec bas-reliefs et damasquinures sur fer et argent).

Classe XXX. — *Ouvrages en métaux précieux.* — *Joaillerie. — Imitations.* — Une médaille.

Classe XXXV. — *Céramique.* — Une médaille.

De ce qui précède, mon cher ami, il est facile de juger le pas immense fait par l'agriculture, le commerce et l'industrie de l'Espagne depuis dix ans ; cette puissance, et tous ceux qui ont suivi les expositions universelles aiment à le reconnaître, cette puissance, dis-je, depuis 1851, a largement participé au mouvement général de progrès qui entraîne toutes les nations européennes, et les fait avancer ensemble dans la voie de la civilisation.

A vous,
ÉMILE CARDON.

FIN.

LETTRE SUR LE PORTUGAL ET SES COLONIES.

LETTRE SUR LE PORTUGAL ET SES COLONIES

———

Mon cher ami,

Londres 1er août.

Il est peu de nations en Europe qui, depuis le commencement de ce siècle, aient été aussi éprouvées que la nation
portugaise ; l'invasion étrangère, les révolutions intestines,
les usurpations, les restaurations, les guerres civiles, les
maladies épidémiques, choléra et fièvre jaune, jusqu'à des
tremblements de terre, tous les fléaux, ceux qui viennent
des hommes, ceux qui viennent de Dieu, ont fondu sur elle
tour à tour ou simultanément ; elle a tout subi, tout supporté,
et il faut qu'il y ait en elle une bien grande force de vitalité
pour avoir non-seulement pu résister à tous ces désastres, à
toutes ces causes de destruction, mais encore pour avoir pu
se relever, panser toutes ses plaies, guérir toutes ses bles-
sures, et enfin entrer résolûment dans la voie du progrès.

L'histoire du Portugal me fournit une preuve de plus à
l'appui de la thèse que j'ai soutenue si souvent ici même, à
propos des colonies, c'est-à-dire qu'un bon gouvernement,
une bonne administration, des institutions libérales, étaient
les causes déterminantes de tous les progrès chez les nations.

A l'Exposition universelle, la majeure partie des visiteurs s'attachent plus particulièrement, comme seules dignes de fixer leur attention, aux grandes nations productrices, — à ces vétérans de l'industrie, comme on les a appelées, — qui peuvent donner une idée de ce que peut le travail moderne.

Quant à moi, je trouve plus d'intérêt dans l'étude de ces Etats que les vicissitudes du temps ou les épreuves difficiles qu'ils ont été obligés de traverser, ont forcés à rester en arrière au lieu de marcher à l'avant-garde de la civilisation ; j'aime à me rendre compte des efforts qu'ils font pour regagner le terrain perdu ; je les accompagne de toutes mes sympathies et de tous mes vœux lorsqu'ils révèlent une tendance décidée pour le progrès.

Le Portugal se trouve dans ce cas ; après avoir conquis et affermi le régime libéral, il est entré résolûment dans la voie du progrès industriel, et les efforts qu'il a continuellement faits dans ces derniers temps ont été couronnés par le succès, comme on peut s'en assurer par un examen attentif de son exposition.

Le Portugal occupe la partie occidentale de la Péninsule hispanique ; sa surface est de 97,832 kilomètres carrés, et sa population d'environ 4,000,000 d'habitants.

Le climat en est tempéré pendant les mois d'avril, mai et juin, mais l'excessive chaleur qui y règne de juillet à septembre nuit considérablement à la végétation. A cette brûlante température succède un second printemps, et les pluies qu'il amène font souvent refleurir les arbres fruitiers. L'hiver commence au mois de décembre, et signale son passage par de fortes pluies et de violents ouragans.

Le sol du Portugal est très-bon, et serait plus productif s'il était soumis à une meilleure culture ; l'agriculture y a été longtemps négligée, ainsi que l'industrie ; les améliorations qu'elle a éprouvées depuis la fin du siècle dernier, elle les doit d'abord à l'administration du marquis de Pombal, puis surtout à l'administration actuelle qui pense, avec raison, que tout fleurit là où fleurit l'agriculture. Les provinces de Minho et de Beira produisent des céréales, maïs et seigle ; celle de Tras-os-Montes, beaucoup de froment. L'huile d'olive est de mauvaise qualité, mais il faut l'attribuer au mode de fabrication, car l'huile qui provient des Algarves est supérieure à celle qui est préparée dans le reste du pays.

Dans toutes les provinces du Nord, on cultive le chanvre et le lin ; les vignobles produisent d'excellents vins : le Porto rouge, le muscat de Carcavelos et de Setubal, les vins blancs de l'Algarve et les rouges de Torres-Vedras sont les principaux objets d'exploitation.

Le sol renferme des mines en abondance, et si toutes les montagnes étaient exploitées, elles seraient d'un immense produit pour le Portugal ; mais les habitants négligent encore trop ces sources de richesses et les laissent improductives. Quelques mines de fer sont seules livrées à l'exploitation en Estramadure. Cependant il existe dans les flancs des montagnes de nombreux filons d'or, de cuivre, d'étain et d'antimoine.

Le mouvement industriel a pris, depuis que le Portugal jouit de la paix, un développement considérable. Le Portugal importe beaucoup, mais ce sont principalement des matières premières qui sont transformées dans les manufactures portugaises en une foule d'objets d'utilité.

Les fabriques d'armes, de faïence et de toiles peintes de Lisbonne sont très importantes ; celles de draps et d'étoffes de laine de Portalègre, de Covilhan et de Fundao occupent un grand nombre d'ouvriers ; les filatures sont très-remarquables, et leurs produits ont la même valeur que ceux d'Angleterre et de France ; parmi les établissements industriels, il faut encore mentionner les savonneries, les verreries, les papeteries, les raffineries de sucre, les tanneries, les chapelleries, les vanneries et les ferblanteries. A Campo-Grande, près Lisbonne, on fabrique des soieries, et dans la capitale, on s'occupe de joaillerie, de bijouterie et d'orfévrerie.

Pendant bien longtemps, l'essor du commerce a été paralysé, tant par les événements politiques, que par le manque de canaux, de routes praticables, ainsi que par l'impossibilité de naviguer sur les fleuves en toute saison. Le gouverment actuel, animé des plus excellentes intentions, donne aux travaux publics une impulsion vigoureuse et éclairée, qui ne tardera pas à faire remonter le Portugal au degré de son ancienne splendeur.

Un réseau de chemin de fer a été concédé, et les travaux se poursuivent avec activité.

Ce réseau se compose de deux lignes qui doivent réunir, d'une part, Lisbonne avec Badajoz, c'est-à-dire au réseau des chemins de fer espagnols, et, de l'autre, avec Coïmbre et avec Oporto, la seconde ville du Portugal.

La ligne de Badajoz, ou de l'Est, reliant le Portugal à l'Espagne, peut être considérée comme faisant partie de la grande ligne qui traverse une portion considérable et traversera bientôt la totalité de la Péninsule, en reliant celle-ci avec la Méditerranée et la France, et par conséquent avec l'Europe entière. A son trafic propre, au transport des blés et des laines de l'Estramadure, à son commerce local, elle joindra le transport des voyageurs et des marchandises de transit qui viendront à Lisbonne, comme au point d'embarquement le plus favorable aux expéditions transatlantiques.

La ligne d'Oporto, ou du Nord, traverse les provinces les plus peuplées, les plus riches et les plus productives du Portugal. Elle relie, par un trajet de huit heures, la capitale avec la seconde ville du royaume. Cette ligne est assurée d'un immense transport de marchandises, notamment de vins, dont l'exploitation a été jusqu'à présent difficile par l'obstacle de la barre du Douro.

L'exportation du Portugal consiste en oranges, amandes, figues sèches pour environ 3 millions, et, année moyenne, en 47,000 pipes de vin, produisant une valeur de près de 50 millions de francs ; les autres objets d'exportation sont le sel commun, l'huile d'olive, le sumac, le liége et la laine.

Quant aux principaux objets d'importation, ce sont le froment, le seigle, l'orge, le maïs, la morue sèche, la viande salée, le beurre, l'huile de lin, le fer, l'acier, le plomb, l'étain, le cuivre, le laiton, les planches, les solives, les merrains, les mâts, les douves, le goudron, la poix, le lin, le chanvre, la soie, les bœufs et les chevaux, ainsi que quelques produits des manufactures étrangères, qui sont ensuite réexportés dans les possessions d'outre-mer.

La perte du Brésil a considérablement diminué l'étendue des possessions du Portugal, néanmoins cet Etat possède encore d'importants établissements : quelques mots sur chacun d'eux intéresseront, j'ose l'espérer, les lecteurs de la *Revue du Monde colonial.*

En Europe, le Portugal possède l'archipel des Açores, situé à 1,100 kilomètres des côtes occidentales, dans l'Atlantique ; il est compris comme faisant partie du royaume, et non comme possession coloniale.

L'archipel des Açores se compose de neuf îles, formant trois groupes, savoir : Saint-Michel et Sainte-Marie à l'est, Terceira, Pico, Fayal, Graciosa et Saint-Georges, plus à l'ouest et au centre ; enfin, plus au nord-ouest, Flores et Corvo.

L'air est sain, et la température plus douce que dans le pays d'Europe situés sous la même latitude ; la chaleur de l'été est tempérée par les brises de mer ; l'hiver n'est marqué que par un temps couvert, des pluies et des ouragans.

Le sol, quoique peu profond, est fertile et généralement bien arrosé par des ruisseaux limpides. On y cultive également et avec succès les plantes de la zone tempérée et une partie de celles de la zone torride. Les olives, les figues, les oranges, les citrons, le raisin y abondent. Plusieurs de ces fruits et le vin forment une branche considérable de commerce. Le grain suffit à la consommation des habitants et on en exporte, ainsi que du bétail, de la volaille, de l'orseille et de grosses toiles.

Les Açores possèdent 180,000 habitants.

En Afrique, le Portugal possède de vastes territoires divisés en cinq gouvernements.

Le premier se compose de Madère et des autres petites îles qui en dépendent, savoir : Porto-Santo, les *Iles Désertes* et les *Iles Sauvages* ou *Salvages*.

Madère, située près de la côte occidentale d'Afrique, fut découverte par un Anglais en 1344, puis revue en 1414 par les Portugais Zario et Texeira ; enfin, en 1431, Jean Gonzales et Tristan Vaz, Portugais également, y abordèrent. C'était alors une forêt élevée, touffue, inextricable, à laquelle les navigateurs, en bivouaquant, mirent le feu ; pendant sept ans, dit-on, un gigantesque incendie servit de fanal aux vaisseaux qui passèrent dans ces parages. Les cendres de ce feu contribuèrent, d'après Eyriès, à fertiliser le sol de Madère propre à toute culture, et surtout à celle de la vigne. En 1475, des ceps de l'île de Chypre y furent apportés ; ils y prospérèrent, y acquirent de nouvelles qualités, et procurèrent à cette île, devenue célèbre par ses vins, une source de richesses considérables. La culture de la vigne produit annuellement 30,000 pipes de vin de toutes qualités ; parmi les meilleures espèces, on distingue celle qu'on appelle en Angleterre *malmsey*, et qui provient d'un plan de Malvoisie apporté de Crète ; le *drymadéra* ou madère sec, enfin le *trimadéra*, vin de même sorte que le précédent, mais bonifié par un long voyage en mer.

Le sol de Madère produit du blé, mais en quantité insuffisante pour la consommation. Parmi les fruits de toute espèce qu'on y récolte, il faut placer en première ligne l'orange et le citron ; la canne à sucre, le café et les fruits du tropique y viennent également.

Madère possède 100,000 habitants.

Porto-Santo et les autres îles du groupe de Madère sont

beaucoup moins considérables. Porto-Santo ne compte que 6,000 habitants.

Sur la côte orientale du littoral d'Afrique, entre le cap Del Gado au nord et la baie de Lorenzo Marquez au sud, s'étend un vaste territoire qui forme la capitainerie générale de Mozambique, divisée en sept capitaineries, qui sont : Querimbe ou Porto del Gado, — Mozambique, — Quilemane, — Sena, — Sofala, — Inhambane, — Bahia de Lorenzo Marquez.

Le sol de la côte de Mozambique est couvert de vastes et épaisses forêts peuplées d'éléphants. Les principales productions de cette contrée sont : les céréales, qui viendraient avec plus d'abondance si la terre, extrêmement fertile, était mieux cultivée ; le sucre, le café, l'indigo, et des plantes tinctoriales, médicinales et oléagineuses.

Le pays renferme de nombreuses mines d'or, principalement à Zumbo ; le cuivre, le fer, le salpêtre y sont aussi abondants.

Mozambique, dans l'île de ce nom, est le chef-lieu de la capitainerie générale ; cette ville possède un bon port, une citadelle, le palais du capitaine général et l'évêché ; le climat en est insalubre, cependant c'est un grand centre de commerce dont les principaux articles sont : l'ivoire, l'écaille, le piment, le baume, l'ambre gris, la gomme, les médicaments, les peaux de tigres.

Vasco de Gama débarqua dans l'île de Mozambique en 1498, mais ce ne fut qu'en 1508 que les Portugais y bâtirent un fort et y établirent un comptoir.

La population de la capitainerie générale s'élève à 270,000 habitants.

Le Cap-Vert, le plus occidental de l'Afrique, sur la côte de Sénégambie, a donné son nom à un groupe d'îles situées à environ 500 kilomètres du cap, et découvertes, suivant les uns, en 1456, par Cadamosto ; en 1450, suivant les autres, par Antoine Nolli, Génois au service du Portugal. Les îles principales du Cap-Vert sont, au sud, Santiago et Fogo ; à l'ouest, Boavista, et au nord, San-Antaio, l'île de Sel, etc. Elles renferment 80,000 habitants.

En Afrique, encore, se trouvent les îles de San-Thomé ou Saint-Thomas et du Prince, dans le golfe de Guinée.

L'île de San-Thomé, découverte en 1471 par Vasconcellos, est située à 200 kilomètres N.-O. du cap Lopez; son climat est chaud et malsain, mais le sol en est fertile.

Le cinquième gouvernement des Portugais en Afrique est la capitainerie générale d'Angola et du Congo.

L'Etat d'Angola, dans la Nigritie méridionale, s'étend entre le Congo au nord et le Benguela au sud. Son chef-lieu est Loanda, il appartient aux Portugais depuis 1485; avec le Benguela et quelques forts du Congo, il forme, comme je viens de le dire, une capitainerie générale; on faisait jadis, dans ces contrées, un grand commerce d'esclaves qui a cessé depuis l'abolition de la traite des noirs; on en exporte aujourd'hui de l'or, de l'ivoire, de la gomme, des drogues médicinales, du fer, du cuivre, de la cire, du miel, du piment, de l'huile de palme, etc.

Les possessions des Portugais dans l'Inde sont sous l'autorité d'un vice-roi; elles se composent de l'île de Goa et des districts de Diu et de Daman.

L'île de Goa, à l'embouchure de la Mandova, qui la sépare de la terre ferme, est située dans l'ancien Bedjapour, sur la côte occidentale de la presqu'île transgangétique, dite côte de Malabar; elle a 40 kil. de tour.

La ville actuelle de Goa, dite Villanova de Goa, ou *Pandjun*, est le chef-lieu des possessions portugaises; elle compte 20,000 habitants et remplace l'ancienne Goa, située à 9 kil. de là, et qui n'a plus que 4,000 habitants.

L'ancienne Goa, habitée au seizième siècle par une population arabe, fut prise en 1510 par Albuquerque et devint la capitale des Portugais dans l'Inde; elle a joué un très-grand rôle dans l'histoire du seizième siècle; sa décadence date de l'époque où les Anglais enlevèrent aux Portugais leurs possessions dans l'Inde ; une épidémie qui éclata au dix-huitième siècle, à Goa, la fit abandonner pour la nouvelle Goa qu'on commença alors à bâtir.

L'île de Goa possède deux beaux ports et des fortifications redoutables.

Un grand nombre de commerçants juifs et banians forme la partie la plus active de la population de Villa Nova de Goa, centre d'un commerce important.

En Asie, les Portugais possèdent, en outre, Macao, — *Ngao-Men* en chinois, — ville de Chine assez petite, mais très-commerçante ; elle est située dans une presqu'île de la baie de Canton, à 118 kil. S. de Canton.

Macao est aux Portugais depuis 1580. Un mandarin chinois, toutefois, y exerce une surveillance générale ; l'évêque y possède aussi une influence décisive sur l'administration.

Macao est une ville très-florissante, de 35,000 habitants environ, dont 30,000 Chinois, 4,000 Portugais et un millier d'autres européens ; on y publie un journal portugais et on y a réuni un musée curieux d'histoire naturelle et d'objets de science et d'art.

Macao est le centre d'un commerce très-important, et il y a quelques années les agents de la compagnie anglaise des Indes orientales y résidaient pendant huit mois.

Enfin, les Portugais possèdent en Océanie une partie des côtes de Timor, la principale des îles de la Sonde.

Timor a une étendue de 450 kil. sur 110, dont la plus grande partie est soumise à des princes indigènes ; les Hollandais se partagent les côtes avec les Portugais ; le port de Concordia de Company, sur la côte S., est le principal établissement de la Hollande. La principale ville des Portugais est Dielly, à l'Est.

Timor possède 2 millions d'habitants. Le sol de cette île est fertile, et les principaux objets de commerce sont : les épices, le bois de santal, les bambous, les buffles, des chevaux, le miel et la cire, etc.

Telles sont, mon cher ami, très-rapidement esquissées les possessions coloniales du Portugal. Une étude sur chacune d'elles est impossible aujourd'hui, je n'ai ni le temps, ni l'espace nécessaire; mais c'est là un travail intéressant auquel je me consacrerai aussitôt l'exposition terminée, et c'est à vous que je communiquerai tout d'abord ces études.

A l'Exposition de Londres, les colonies portugaises sont bien représentées, et je constate avec plaisir que, comme la France et l'Angleterre, le Portugal a catalogué séparément les produits métropolitains et coloniaux, c'est un exemple que toutes les Puissances auraient dû suivre.

Le Portugal au Palais de Kensington est représenté par 1363 exposants, dont 171 appartiennent aux colonies; c'est par eux que je vais commencer.

Les 171 exposants des colonies se répartissent ainsi :

1re classe. — Produits des mines et carrières, minéraux et métallurgie :—23 exposants.—Parmi ces produits, qui comprennent des marbres, de la chaux, du sable, du sel, de l'ocre rouge, du fer, du cuivre, du fer magnétique, du soufre, du plâtre, de l'asphalte des îles du Cap-Vert, de San-Thomé, d'Angola, de Benguela et de Timor ; tous les visiteurs admiraient plus particulièrement de belles malachites du Bembo, dans l'Afrique occidentale, qui ne le cèdent en rien aux célèbres malachites de Russie.

2e classe. — Produits chimiques et pharmaceutiques. — 26 exposants, parmi lesquels M. Welwilsch, dont on remarquait une intéressante collection de substances médicinales d'Angola.

3e classe.—Produits agricoles, substances alimentaires, etc. — 44 exposants, produisant la plupart de très-intéressantes collections de grains, riz, café, cacao, maïs, fruits, conserves, vins d'excellente qualité, rouges et blancs, dont un échantillon de la récolte de 1756, en fort bon état de conservation.

4e classe. — Substances végétales et animales en usage dans les manufactures. — 39 exposants.

Dans cette classe, je signalerai d'abord les cotons des îles du Cap-Vert et ceux des îles de San-Thomé e Principe ; une réunion bien choisie et très-variée de gommes copale, résine, etc., d'Angola ; de l'indigo des îles du Cap-Vert, du tabac de Timor et d'Angola, enfin de la gomme arabique et du caoutchouc de la côte de Mozambique.

9° classe. — Machines agricoles, horticoles, etc. — 1 exposant, M. P. Dos Santos Venduneni, d'Angola, pour une presse destinée à l'extraction de l'huile de palme.

18e classe. — Coton. — 9 exposants. — Coton brut, filé ou tissé des îles du Cap-Vert, de Timor, d'Angola, de Mozambique, de l'île de Goa et de l'Inde. — Comme on le voit dans presque toutes les colonies portugaises, on tente la culture du coton si recherché aujourd'hui ; quelques-uns des produits exposés sont de belle qualité et méritent de fixer l'attention.

23e classe. — Tissus. — 2 exposants, M. Montel, tissus de coton et de soie de l'île du Cap-Vert, et le conseil d'Outre-mer pour des toiles de laine et soie de Timor.

24e classe. — Tapisseries, broderie et galons. — 1 exposant : l'administration de l'île de Goa, passementeries.

26e classe. — Cuirs, fourrures, etc. — 1 exposant, M. F. da C. Léal d'Angola, cuirs tannés et peaux.

27e classe. — Articles d'habillements. — Chapeaux fantaisie d'écorces.

36e classe. — Tabletterie. — Dessins industriels, etc. — 20 exposants. — Parmi les produits très-variés exposés, on distingue : des objets d'ivoire et dents d'hippopotame, des pipes d'Angola, des tabacs et cigares des îles San-Thomé e Principe, des tabacs, des tissus et cordages en fil d'aloës de Mozambique, des boîtes et objets en bois de sandal des Indes, etc.

Les produits métropolitains envoyés à l'exposition par le

Portugal sont non moins remarquables que les produits des colonies.

Deux classes surtout sont très-largement représentées ; ce sont la troisième et la quatrième, renfermant les produits agricoles ; sur 1,192 exposants, 859, soit 72 p. 0/0, appartiennent à ces deux catégories ; dans toutes les autres branches de production, sauf un petit nombre de classes, le Portugal a envoyé à l'exposition des spécimens qui prouvent que cette Puissance n'est nullement étrangère à tous les différents genres du travail moderne.

Dans la première classe, — mines et carrières, — le Portugal expose une magnifique collection de marbres, des pierres de construction, du phosphate de chaux pour l'amendement des terres, de l'anthracite considérée comme un précieux combustible, des minerais d'étain, de plomb, et principalement de cuivre, dont l'exploitation commence à prendre des proportions considérables.

L'exposition des produits agricoles est assurément une des plus remarquables de toute l'Exposition. Je vous citerai particulièrement l'envoi de l'Institut agricole de Lisbonne, qui contient des collections fort importantes et assurément fort intéressantes ; entre autres, une collection complète des variétés de vers à soie élevés en Portugal, parmi lesquelles quelques exemplaires du bombyx cinthia, nourrie avec les feuilles de l'ailante ; la collection des laines de Portugal, une des parties les plus remarquables de cette exposition, et qui mérite d'être soigneusement examinée. Je ne saurais non plus passer sous silence, les collections des céréales et des vins récoltés dans le royaume. Toutes ces collections sont accompagnées de tableaux démonstratifs et de cartes où l'on peut voir le résumé des études faites à l'Institut agricole de Lisbonne sur les différents produits qui constituent jusqu'à ce jour la principale richesse du Portugal.

Sous le rapport des arts industriels, les manufactures portugaises ont fait de sérieux progrès dans ces dernières années; les tissus de soie de MM. Cordevro et Ramires, ceux de laine, ainsi que les tissus mixtes de M. Daupias et des fabriques de Portaleyro, sont remarquables; les toiles à voile, les tissus de lin de la fabrique de Torres-Novas, les impressions sur coton de MM. Anjos, Cunha, Miranda et compagnie, méritent encore une mention particulière et honorent l'industrie portugaise.

Je mentionnerai encore les chapeaux de M. Roxo, les porcelaines de la fabrique de Vista Aleyres, les verreries de la fabrique Michon, qui ne laissent rien à désirer comme qualité et comme prix.

L'Institut industriel de Lisbonne expose des instruments de précision et une pendule électrique dignes de l'examen le plus sérieux; enfin, l'Imprimerie nationale a envoyé les derniers ouvrages imprimés dans ses ateliers, qui, par leur perfection et leur correction, font l'admiration de tous les visiteurs; ces productions luttent sans trop de désavantage avec ce que notre Imprimerie impériale a fait de plus beau.

Les progrès réalisés par l'industrie portugaise ont, du reste, été appréciés par le jury des récompenses, et le Portugal a obtenu 153 médailles et 244 mentions honorables, dont 19 médailles et 16 mentions pour les produits coloniaux.

Voici comment ces récompenses se répartissent dans les différentes classes :

Classe I. — Mines et carrières. — 6 médailles et 8 mentions honorables, dont 1 pour une intéressante collection de roches volcaniques et des pierres à filtrer des Açores; — une pour les minerais de cuivre argentifère d'Angola; une enfin à la Compagnie des Malachites de l'Ouest de l'Afrique pour les magnifiques produits que j'ai signalés plus haut.

Classe II. — Section A. — Produits chimiques. — 3 médailles et 3 mentions.

Section B. — Produits pharmaceutiques. — Une médaille pour une intéressante collection de substances médicinales d'Angola.

Classe III. — Section A. — Produits agricoles. — 31 médailles, dont 5 pour des produits des Indes, d'Angola, des îles San-Thomé e Principe, de Mozambique et des îles du Cap-Vert.

116 mentions honorables, dont 5 aux productions des Indes, des îles de San Thomé e Principe et des îles du Cap-Vert.

Section B. — 43 médailles, dont une aux produits de Mozambique, et 33 mentions, dont 4 aux productions d'Angola et des îles San-Thomé e Principe.

Section C. — Vins, esprits, etc. — 36 médailles et 34 mentions.

Classe IV. — Substances animales et végétales employées dans les manufactures. — 22 médailles, dont 2 pour des cotons des îles du Cap-Vert, et 4 pour collections de matières tinctoriales, gommes, résines, etc., de Timor, de Mozambique et des Indes.

14 mentions honorables, dont une pour du coton de l'île San-Thomé e Principe, et une pour collection de produits variés des îles du Cap-Vert.

Classe X. — Constructions, etc. — Une mention honorable à l'inspecteur des travaux publics aux Açores pour de la pouzzolane d'excellente qualité.

Classe XIII. — Instruments de précision. — Une médaille de l'Institut industriel de Lisbonne pour l'excellence de ses instruments.

Classe XIV. — Photographie. — Une mention honorable à M. Silveira « pour l'excellence de ses photographies », dit le jury.

Classe XV. — Horlogerie. — Une médaille de l'Institut industriel de Lisbonne pour une excellente pendule électrique.

Classe XVIII. — Cotons. — Une médaille et une mention pour filature et tissage.

Classe XIX. — Lins et chanvres. — Une mention honorable.

Classe XX. — Soies et velours. — 12 mentions honorables pour cocons et soie crue. Ces récompenses, porte le rapport du jury, sont accordées comme un encouragement au développement de la production des cocons et des soies crues qui sont de bonne qualité. Le jury recommande particulièrement de s'adonner à la production de la matière brute de préférence à la production manufacturée : («*As an encoura* «*gement to develope the production of cocoon and raw silk,* «*which are of a very good nature. The jury would recom* «*mend the cultivation of raw silk in preference to attempting* «*the manufacture of goods.* »)

Les Anglais décidément aiment peu les progrès industriels chez leurs voisins.

Classe XXI.—Draps, laines filées, mélanges, etc.—3 mentions honorables.

Classe XXIII. — Tissus, etc. — Une médaille pour bon choix de dessins et habileté de la main-d'œuvre.

Classe XXIV.—Broderies, tapisseries, etc. — Une médaille et 2 mentions honorables.

Classe XXVI. — Cuirs, sellerie, harnais. — Une mention pour une collection destinée à faire ressortir par comparaison le grand mérite des produits nouveaux et les progrès considérables faits dans une période très-rapprochée et très-courte.

Cinq mentions honorables.

Classe XXVII. — Articles d'habillements. — 3 médailles et 7 mentions honorables.

Classe XXVIII. — Papier, œuvres d'imprimerie, etc. — Une médaille à l'imprimerie nationale pour l'ensemble de ses impressions, et 3 mentions honorables.

Classe XXIX. — Matériel d'éducation élémentaire .— Une médaille et une mention honorable.

Classe XXXIV. — Objets de verrerie. — Une mention honorable.

Ici, mon cher ami, se termine à peu près la tâche que je m'étais imposée.

Un peu effacée au milieu des immenses exhibitions de quelques peuples, l'exposition du Portugal n'en est pas moins remarquable et intéressante par l'ensemble des produits spéciaux à son sol, à son climat et surtout à ses Colonies. Déjà, à l'exposition de 1855, le Portugal s'était empressé de répondre à l'appel de la France et avait paru au concours universel avec les productions des deux hémisphères réunies à celles de la métropole ; il y avait occupé, relativement à ses envois, une place importante, et dans la distribution des récompenses le jury international l'avait compris pour : une médaille d'honneur décernée au Gouvernement portugais pour l'ensemble de son exposition ; — 21 médailles de 1re classe ; — 76 médailles de 2e classe ; — et 113 mentions honorables, au total 211 nominations.

Pendant les sept années qui se sont écoulées depuis l'Exposition universelle de Paris, les progrès du Portugal ont été constants, et c'est 397 récompenses que le jury international de 1862, a accordées aux produits bruts ou manufacturés de cette nation. Il est regrettable que dans la rédaction des programmes des expositions, on ne suive pas les mêmes divisions, le même ordre dans la classification ; la comparaison par classes des produits et des prix accordés serait plus facile et elle permettrait une étude plus complète des progrès accomplis dans chaque branche de l'industrie agricole, manufacturière ou artistique des nations exposantes.

L'exhibition portugaise en 1855 fut presque une révélation, car peu de personnes soupçonnaient tout ce que cette nation, après les luttes intestines, les révolutions et les fléaux qui l'avaient accablée, renfermait de richesses naturelles ; la paix dont elle jouit, l'intelligente impulsion du gouvernement, les encouragements que le monarque accorde à l'agriculture et à l'industrie, lui ont permis de faire de rapides progrès et de conquérir à l'Exposition de 1862, une place honorable dont on ne saurait trop la féliciter. Les efforts que les Portugais ont faits dans ces dernières années n'ont pas été perdus; la production des matières premières s'est améliorée, les industries se sont perfectionnées en tirant profit de toutes les découvertes de notre époque, et si, comme nous le souhaitons, rien ne vient arrêter l'essor du Portugal, avant quelques années il aura doublé ses richesses et se sera complétement transformé.

Un mot, mon cher ami, et j'ai fini. En parlant plus haut de l'Exposition, j'aurais dû constater l'organisation parfaite de l'exhibition portugaise, organisation qui permet à chaque visiteur de se livrer à des observations approfondies sur chaque classe de produit.

Cette organisation parfaite est l'œuvre de M. le vicomte de Villa Maïor, commissaire-général du Portugal à cette exposition, un homme éminent qui n'a négligé aucun des soins et des détails souvent minutieux, de la difficile mission qui lui était confiée, et a apporté dans l'accomplissement de cette tâche ardue, un zèle au-dessus de tout éloge.

A vous.

Emile CARDON.

FIN.

Paris. — Imprimerie WALDER, rue Bonaparte, 44.